JUAN MARQUÉS SURIÑACH

COMO APROVEITAR OS DEFEITOS ALHEIOS

2ª edição

Tradução e adaptação
Emérico da Gama

QUADRANTE

São Paulo
2024

Título original
El valor de los defectos ajenos

Copyright © 2009 Juan Marqués Suriñach
e Ediciones Palabra, S.A., Madrid

Capa
Provazi Design

Dados Internacionais de Catalogação na Publicação (CIP)

Marqués Suriñach, Juan, 1928-
Como aproveitar os defeitos alheios / Juan Marqués Suriñach; tradução e adaptação de Emérico da Gama — 2ª ed. — São Paulo: Quadrante, 2024.

ISBN: 978-85-7465-597-0

1. Ética 2. Ética cristã 3. Vida cristã I. Título

CDD-241

Índice para catálogo sistemático:
Defeitos alheios : Teologia moral : Cristianismo 241

Todos os direitos reservados a
QUADRANTE EDITORA
Rua Bernardo da Veiga, 47 - Tel.: 3873-2270
CEP 01252-020 - São Paulo - SP
www.quadrante.com.br / atendimento@quadrante.com.br

SUMÁRIO

DEFEITOS?	5
AS NOSSAS REAÇÕES PERANTE OS DEFEITOS ALHEIOS	9
A COMPREENSÃO	19
A PACIÊNCIA	27
A CONDESCENDÊNCIA	37
O OTIMISMO	43
A HUMILDADE	63
O CUIDADO DOS PORMENORES	69
SERENIDADE	79

MORTIFICAÇÃO 87

AMOR, ORAÇÃO,
   EXEMPLO, CORREÇÃO FRATERNA 95

A SANTÍSSIMA VIRGEM PERANTE OS
   DEFEITOS DOS HOMENS 113

DEFEITOS?

Defeitos?

Todos os temos, e muitos.

Essa palavra — "defeito" — tem a sua raiz no vocábulo latino *deficere*, que significa "faltar alguma coisa".

Às vezes, falta-nos no corpo: os cabelos na cabeça, um molar na boca... E se temos a "fraqueza" de ir ao médico para um check-up geral, é provável que descubramos outros que ainda não conhecíamos.

Se fixarmos a atenção na nossa inteligência, certamente a surpresa não será menor. Quantas lacunas nos nossos conhecimentos de matemática, de física, de química, de religião! Os que estudaram muito reconhecem que sabem muito pouco. E que será dos néscios, que não sabem que não sabem!

Mas os defeitos que geralmente mais "brilham" em nós são os morais, os que revelam maldade ou falta de bondade. São os que mais se notam, os que mais incomodam os nossos semelhantes, os que mais nos colocam em situações ridículas e mais nos humilham. E são múltiplos e variados. Há para todos os gostos.

É a mãe de família que grita para os filhos quando não se levantam pontualmente ou armam um fuzuê mal regressam do colégio.

É o esposo que chega cansado do trabalho e enche a casa de mau-humor.

É a esposa que duvida do amor do marido porque não lhe louvou o novo penteado nem o prato requintado que lhe preparou para o jantar de aniversário.

É a sogra que se sente relegada a um segundo plano porque vê o seu filho único cada vez mais apaixonado pela esposa, cumulando-a de pormenores de carinho.

É o adolescente altaneiro que quer justificar a sua rebeldia pensando que os seus pais são uns antiquados e Deus um mito.

É a menina de quinze anos que, pela sua "veterana" maturidade, sorri quando a mãe lhe dá conselhos sensatos sobre o relacionamento com os rapazes.

É o empregado que não pode disfarçar a sua tristeza ao saber que promoveram um colega e ele ficou onde estava.

É o industrial que se queixa continuamente do baixo rendimento dos seus operários e da contínua subida dos impostos.

É o cristão "adulto" que não se envergonha de manifestar a sua discordância com os ensinamentos do Papa quando este insiste na necessidade da confissão individual, nem se retrai de proferir comentários irônicos contra o Magistério da Igreja acerca dos divorciados, dos contraceptivos, do aborto, do homossexualismo...

O mostruário podia ampliar-se. Pensemos

* nos mesquinhos;
* nos teimosos;
* nos queixumentos;
* nos invejosos;
* nos irascíveis;
* nos rancorosos;
* nos intriguistas;
* nos negligentes;
* nos indecisos;
* nos mentirosos;

* nos ingratos;
* nos mal-educados;
* nos que abusam da sua autoridade;
* nos covardes;
* etc. etc. etc.

AS NOSSAS REAÇÕES PERANTE OS DEFEITOS ALHEIOS

A nossa reação perante os defeitos das pessoas depende muito de como elas nos caiam.

Se nos são simpáticas — por qualquer razão: porque pensam como nós em política, porque nos elogiam, porque se interessam pelos nossos assuntos, porque são espertas, etc. —, tendemos a não ver nelas nenhum defeito ou a tirar importância e mesmo justificar os que têm. E não são raros os casos em que nos sentimos inclinados a encarar esses defeitos como virtudes.

Se nos são antipáticas — porque o seu caráter choca com o nosso, porque nos fazem "sombra", porque têm boa presença, porque um dia nos disseram na cara algumas verdades que outros não tiveram a valentia de manifestar-nos, etc. —, tendemos a ver nelas todos os defeitos e nenhuma virtude, e a diminuí-las ao ponto de tomar como defeitos as suas virtudes mais patentes.

Antes de continuarmos, pode ser conveniente aprofundar nas razões teológicas que nos levam a ser tão subjetivos na apreciação das pessoas com quem lidamos. Assim estaremos melhor preparados para tirar partido dos defeitos morais próprios e alheios.

Deve-se ter presente que a raiz desses juízos distorcidos está no pecado original, que deixou a nossa natureza ferida e depauperada. Esse pecado dos nossos primeiros pais quebrou o equilíbrio inicial com que Deus dotou o homem e que lhe dava pleno domínio de si mesmo, levando-o a submeter as tendências inferiores aos ditames da razão, e a razão a Deus. Com essa ruptura, abriu-se dentro do homem uma luta entre a carne e o espírito, que São Paulo exprimia com um dramatismo singular ao dizer: *Não consigo entender o que faço, pois não faço o que quero e faço o que detesto.* [...] *Não faço o bem que quero e faço o mal que não quero* (Rm 7, 15-25).

Esse pecado, que foi a primeira revolta do homem contra Deus, seu Criador e Pai, gerou na natureza humana umas inclinações profundas que nos empurram a afastar-nos de Deus e a procurar-nos a nós mesmos. Em todo o defeito moral do homem, podemos descobrir algum reflexo de um ou mais pecados capitais: de soberba, de avareza, de luxúria, de ira, de gula, de inveja ou de preguiça.

A primeira coisa que devemos ter presente em face dos defeitos morais alheios — e também dos próprios — não é que nos incomodam ou prejudicam, mas que são uma ofensa a Deus, porque significam desobedecer-lhe, romper com Ele, negá-lo e excluí-lo em diferentes níveis, conforme o grau de culpa. É esta ruptura com Deus que origina no coração humano a serie de conflitos que lhe roubam a paz e afetam as relações com os outros mortais. A isto se referia o papa João Paulo II com estas palavras:

> "Enquanto ruptura com Deus, o pecado é o ato de desobediência de uma criatura que, ao menos implicitamente, rejeita Aquele de quem procede e que a mantém com vida; é, por conseguinte, um ato suicida. Como pelo pecado o homem se nega a submeter-se a Deus, também o seu equilíbrio interior se desfaz, e desatam-se

dentro dele as contradições e os conflitos. Assim despedaçado, o homem provoca quase inevitavelmente uma ruptura nas suas relações com os outros homens e com o mundo criado. É uma lei e um dado objetivo que podem ser comprovados em tantos momentos da psicologia humana e da vida espiritual, assim como na realidade da vida social, onde facilmente se podem observar repercussões e sinais da desordem interior"[1].

Os defeitos próprios e alheios devem, pois, levar-nos ao arrependimento, isto é, a experimentar em nós o peso (o pesar) de termos rompido com Deus, ofendendo-o, e a pedir-lhe perdão em primeiro lugar na intimidade do nosso ser e depois no sacramento da Penitência. Tudo isto implica uma conversão sincera, o compromisso de uma mudança interior, que se concretiza no esforço sem pausa por eliminar os grandes ou pequenos defeitos morais e por adquirir as virtudes cristãs.

---

(1) João Paulo II, *Exort. apost. sobre a reconciliação e a penitência*, 2.12.1984, n. 15.

Ainda que o objetivo destas páginas não seja reparar nos nossos próprios defeitos, mas nos alheios, com o fim de tirar deles rendimento espiritual, penso que pode ser útil formular agora umas breves sugestões para começarmos por aproveitar as nossas fraquezas em benefício de uma melhora pessoal[2]:

1) Antes de mais nada, devemos reconhecer que temos defeitos, e defeitos nada desprezíveis. Somos limitados, muito limitados. Deus é o único Perfeito, só Ele não tem defeito algum.
2) Depois, devemos declarar guerra mesmo aos defeitos mais pequenos, ainda que não tenham lançado raízes fundas, para que não se convertam em arbustos mais trabalhosos de arrancar. Neste ponto, Santa Teresa de Jesus aconselha-nos a ir "mudando de defeitos".

Eis as suas palavras: "Procurai não ir ao confessor cada vez a dizer uma [a mesma] falta. É verdade que não podemos estar

---

(2) A este propósito, pode-se ler a excelente obra de Joseph Tissot, *A arte de aproveitar as próprias faltas*, 2ª ed., Quadrante, São Paulo, 1995.

sem elas, mas ao menos mudem-se, para que não deitem raízes, que serão difíceis de arrancar e até poderão vir a nascer delas outras muitas. Porque, se plantamos uma erva ou arvorezinha e cada dia a regamos, ficará tão grande que, para arrancá-la, será preciso pá e enxada. Assim me parece que é fazer cada dia uma [a mesma] falta, por pequena que seja, se não nos emendamos dela; e se um dia ou dez caímos nela e logo a arrancamos, é fácil"[3].

3) Ao mesmo tempo, devemos esforçar-nos por descobrir o nosso defeito dominante, aquele que, por mais que o camuflemos, está na raiz dos outros. Não podemos esquecer que, entre os muitos sentimentos que lutam no interior do homem e o assaltam, há sempre um que predomina e que orienta o coração e determina os seus movimentos. É nesse ponto que devemos concentrar os nossos esforços de superação, certos de que assim amorteceremos os outros defeitos que parecem não ter relação com aquele.

---

(3) Santa Teresa de Jesus, *Conceitos sobre o amor de Deus*, 2, 17-18.

4) Na nossa luta, lembremo-nos sempre de que o primeiro e o mais importante mandamento da Lei não é vencer os defeitos, mas amar o Senhor nosso Deus com todas as nossas forças (cf. Mt 27, 37-39). Os Santos muito santos tiveram e têm defeitos, mas não os aceitam e lutam por combatê-los, certos de que essa luta é uma manifestação do amor a Deus. Isto é o que Ele nos pede, não o êxito na luta.

Se em todas as ocasiões reagíssemos com sentido autenticamente cristão ante as nossas limitações e fraquezas, não tardaríamos a ser santos. Teríamos aprendido a tirar o máximo partido de umas realidades negativas e desagradáveis, que para muitos talvez sejam ocasião de multiplicar e consolidar os seus defeitos e afastar-se mais de Deus, e para nós podem ser uma oportunidade magnífica de adquirir virtudes em grau heróico.

É consolador pensar o que diz a *Imitação de Cristo*: "Se cada ano arrancássemos um só vício, em breve seríamos perfeitos"[4].

---

(4) Tomás de Kempis, *Imitação de Cristo*, 1, 11.

Antes de entrarmos em casos concretos do nosso tema, pode ser oportuno meditarmos o que nessa mesma obra se diz a propósito dos defeitos alheios:

> "Aprende a sofrer com paciência quaisquer defeitos e fraquezas alheias, considerando que tens muitas que fazem sofrer os outros.
>
> "Se não podes fazer em ti como desejas, como queres que os outros sejam à medida do teu desejo?
>
> "Queremos perfeitos os outros, e não emendamos os nossos próprios defeitos.
>
> "Queremos que os outros sejam admoestados, e nós não queremos ser corrigidos.
>
> "Desagrada-nos que os outros disponham de ampla licença, e não queremos que coisa alguma nos seja negada. Queremos que os outros estejam submetidos a regras, mas não sofremos que nos seja proibida coisa alguma. Assim se vê quão poucas vezes amamos o próximo como a nós mesmos.
>
> "Se todos fossem perfeitos, que haveria que pudéssemos sofrer por Deus?

"Mas Deus dispôs assim para que aprendamos a levar reciprocamente as nossas cargas (1 Cor 4, 16). Porque não há ninguém sem defeito, ninguém sem carga, ninguém se basta a si mesmo, ninguém é completamente sábio para si. E portanto convém que nos suportemos, nos consolemos e nos ajudemos, nos instruamos e nos admoestemos uns aos outros.

"É nas ocasiões da adversidade que se mostra quanta virtude tem cada qual: porque as ocasiões não fazem fraco o homem, mas descobrem em que medida o é"[5].

---

(5) Tomás de Kempis, *Imitação de Cristo*, 1, cap. 16: "Como se devem sofrer os defeitos alheios".

A COMPREENSÃO

Um dos meus professores definia a compreensão como a virtude que nos inclina a meter-nos na *pele* do outro: no seu temperamento, na sua mentalidade, nos seus problemas, nos seus gostos, nos seus desejos; numa palavra, no seu mundo interior e exterior. Já se vê que esta virtude requer uma capacidade muito considerável de "ginástica espiritual".

O Evangelho apresenta-nos diversos casos da extraordinária compreensão de Jesus, em contraste com a dureza dos judeus. Lembremo-nos, entre tantas cenas, do episódio da mulher apanhada em adultério, segundo narra São João:

> *Os escribas e fariseus trouxeram-lhe uma mulher surpreendida em adultério e, pondo-a no meio, disseram-lhe: "Mestre, esta mulher foi surpreendida em flagrante*

adultério. Moisés mandou-nos na Lei que apedrejássemos tais mulheres. Tu que dizes?" Perguntavam-lhe isso para pô-lo à prova e poderem acusá-lo.

Jesus, porém, inclinou-se para o chão e escrevia com o dedo na terra. Como eles insistissem, ergueu-se e disse-lhes: "Quem de vós estiver sem pecado seja o primeiro a atirar-lhe uma pedra". E inclinando-se novamente, continuava a escrever na terra. A essas palavras, eles foram-se retirando um por um, a começar pelos mais velhos, de sorte que Jesus ficou sozinho, com a mulher diante dele. Então ergueu-se e, vendo ali apenas a mulher, perguntou-lhe: "Mulher, onde estão os que te acusavam? Ninguém te condenou?" Respondeu ela: "Ninguém, Senhor". Disse-lhe Jesus: "Nem eu te condeno. Vai e não tornes a pecar" (Jo 8, 3-11).

Não podia ser maior o contraste entre a intransigência e a dureza dos judeus e a suavidade, a doçura e a compreensão de Jesus. Ele, que não tinha nenhum pecado, não justifica as falhas alheias, mas compreende-as e perdoa-as. E fá-lo sem humilhar, estimulando à conversão: *Vai e não tornes a pecar.*

Temos de ser compreensivos com o cego e o ancião que atravessam a rua, com o filhinho que chora à noite, com o adolescente que reage sempre protestando, com o pai que chega a casa cansado e sem vontade de conversar, com o doente que reclama uma vez e outra a nossa presença, com o motorista que nos ultrapassa em pleno engarrafamento...

São muitas as razões de peso para sermos compreensivos nestes e noutros casos!

Você não acha que bem merecem todas as atenções os velhinhos com os seus achaques e os cegos que vivem numa noite contínua? Não lhe seria muito mais difícil você sofrer de cegueira, ou suportar a velhice, do que parar o carro uns momentos ou mesmo descer dele e acompanhá-los para que possam atravessar a rua com segurança?

Um bebé não costuma chorar sem motivo: o frio ou o calor, uma dor de ouvido, o medo... Já pensou que, se você estivesse nessas condições, provavelmente choraria muito mais alto?

E que faria se voltasse a ser um adolescente, com o sangue fervendo-lhe nas veias, repleto de inseguranças, ansioso por ganhar independência e afirmar a sua personalidade?

Por que o pai chega a casa esgotado e sem vontade de conversar, se não é por causa da intensidade do trabalho, somada às contas que não pode pagar, à ameaça de perder o emprego?

Se aspiramos a ser compreensivos, devemos ter muito presente uma série de fatores:

1) *O temperamento*, que influi muito nas atitudes e reações das pessoas.

   Por temperamento, podemos inclinar-nos mais para um defeito do que para a virtude oposta: por exemplo, para a inconstância, a desordem, a preguiça, a ira, o retraimento; ao passo que outros, também por temperamento, tenderão a ser constantes, ordenados, comunicativos, etc. Logicamente, o que para uns é fácil por temperamento, para outros é difícil. Daí também a dificuldade de compreendermos os que possuem um temperamento diferente do nosso.

2) *A formação intelectual e moral.* Os exemplos e conselhos recebidos desde a mais tenra infância imprimem nas pessoas uma marca profunda que dificilmente se pode apagar. O mesmo se pode dizer da educação

recebida na escola. Encontraremos, por exemplo, pessoas que se atêm a critérios de um rigorismo moral sufocante e outras a um laxismo generalizado. Dentro desta perspectiva, os que convivem com elas certamente estranharão que umas dêem tão pouca importância a certos defeitos em si muito graves, e que outras atribuam tanta transcendência a decisões triviais. Se queremos compreender os outros, será preciso avaliar essas circunstâncias.

3) *O ambiente*. Se o ambiente familiar for sadio, se o clima cultural, de trabalho e social destilar boas idéias e critérios corretos, a conduta da pessoa será positivamente afetada por ele. E ao contrário, se for mau. As atitudes de muitas pessoas são, no fundo, um reflexo do ambiente que respiram em casa, no trabalho, no lazer, nos meios de comunicação social.

4) *As doenças*. As de tipo psíquico e as incuráveis costumam repercutir no comportamento: induzem facilmente ao pessimismo e à tristeza. Mas também é frequente que transtornos passageiros — uma dor de estômago ou de dentes, uma noite de insônia, um desgosto forte — sejam fonte

de comentários pessimistas, de respostas amargas, de frieza no relacionamento. É claro que não temos obrigação de saber em cada caso o que se passa no interior dos outros, mas podemos adivinhar que alguma coisa acontece, e isso basta para afinarmos a nossa compreensão.
5) *Os companheiros e amigos*. É bem conhecido o refrão: "Diz-me com quem andas e eu te direi quem és". Essas companhias condicionam muito a nossa conduta. Pensemos nos respeitos humanos, que são muitas vezes a causa de uma conduta pouco exemplar por parte de não poucas pessoas, sobretudo das que têm um caráter fraco.

Qual é a nossa atitude ante as fraquezas do próximo, sobretudo daqueles que vivem perto de nós? Como as encaramos? Não será que nos servem de motivo para criticar, desprezar ou afundar os interessados, e afundarmo-nos nós mesmos, enchendo o coração de rancor, de amargura, e cavando assim um abismo entre nós e o próximo, entre nós e Deus? Sabemos distinguir bem entre os verdadeiros defeitos e os que não passam de modos diferentes de ser, de fazer coisas que nós faríamos de outra maneira, talvez pior, quem sabe?

Não esqueçamos que as limitações e falhas dos outros podem ser para nós um tesouro inesgotável de benefícios, e que depende só de nós que tiremos proveito deles e nos enriqueçamos abundantemente, ou, pelo contrário, nos tornemos cada vez mais miseráveis e mesquinhos.

Se cultivarmos a compreensão, saberemos também apreciar devidamente a compreensão que os outros têm por nós e agradecer-lhes-emos a afabilidade e o afeto que manifestam ante a quantidade e qualidade dos nossos defeitos:

> "Dizes que o outro está cheio de defeitos! Muito bem... Mas, além de que os perfeitos só se encontram no céu, tu também arrastas os teus defeitos e, no entanto, suportam-te e, mais ainda, estimam-te: porque te querem com o amor que Jesus Cristo tinha pelos seus, que bem carregados andavam de misérias!
>
> "— Aprende!"[1]

---

(1) São Josemaria Escrivá, *Sulco*, Quadrante, São Paulo, 2005, n. 758.

Um dia, na televisão, perguntaram a Francesco Carnelutti, um dos maiores juristas italianos do século XX, qual tinha sido o elemento decisivo para a sua carreira de prestígio. A resposta, simples e surpreendente, revelava o agradecimento pela compreensão de que estava rodeado em casa:

"Respondeu: «A minha mulher». E, notando a surpresa do entrevistador, acrescentou: «Não estudou leis, não se ocupa dos meus trabalhos, não me dá nunca conselhos. Mas plenifica a minha vida com a sua presença. Antecipa-se aos meus desejos, intui o meu humor, escuta os meus desabafos, encontra sempre a palavra oportuna. À noite, quando trato da minha correspondência, senta-se ao meu lado em silêncio e faz crochê. O rumor das agulhas que se cruzam é o meu melhor calmante. Afasta a tensão e dá-me um sentido de segurança infinita. Com ela, parece-me que posso triunfar em qualquer trabalho»"[2].

---

(2) *Hojas culturales*, Barcelona, n. 1609, p. 3.

A PACIÊNCIA

A paciência é uma virtude que devemos praticar com frequência, para não dizer continuamente. Precisamos dela em doses consideráveis em tudo e para tudo. E se de vez em quando nos parece que se esgotou, temos de reagir e voltar a armazená-la. De qualquer modo, consola pensar que é um produto que, quanto mais se gasta, mais se possui.

A paciência leva-nos a vencer o abatimento e a tristeza que nos causam os sofrimentos físicos e morais. E a falta de paciência desemboca em manifestações exteriores de irritação, de queixas e lamentações, de críticas e murmurações, e, em casos extremos, pode originar inimizades, homicídios e guerras — no coração, nas famílias, nas empresas, nos grupos políticos, nas nações e no mundo.

A vida de Cristo oferece-nos repetidos exemplos da virtude da paciência nos seus graus mais elevados. Quantas vezes não teve que refrear a impaciência dos que o cercavam! Por exemplo, quando repreendeu Tiago e João, que queriam pedir que descesse fogo do céu e consumisse uma aldeia de samaritanos onde se recusavam a recebê-lo (cf. Lc 9, 52-55); ou quando conteve o atrevimento da mãe dos filhos de Zebedeu, que queria arrancar dEle a promessa de pôr os seus dois filhos, um à sua direita e outro à sua esquerda (cf. Mt 20, 20-23); ou quando recompôs o estrago causado pelo ímpeto de Pedro, que cortou a orelha de Malco (cf. Jo 18, 10-11). E na parábola do trigo e do joio, deu-nos o exemplo acabado de serenidade e paciência:

> *O reino dos céus é semelhante a um homem que semeou boa semente no seu campo. Mas, na hora em que os homens descansavam, veio o seu inimigo, semeou joio no meio do trigo e partiu. Quando o trigo cresceu, apareceu também o joio. Os servos do amo vieram e disseram-lhe: "Senhor, não semeaste bom trigo no teu campo? Como é que tem joio?" Disse-lhes ele: "Foi um inimigo que fez isto". Replicaram-lhe: "Queres que vamos e o arranquemos?"*

Mas ele respondeu-lhes: "Não, não seja que, ao arrancardes o joio, arranqueis também o trigo. Deixai-os crescer juntos até à colheita. E no tempo da colheita, direi aos ceifadores: "Arrancai primeiro o joio e atai-o em feixes para queimá-lo. Recolhei depois o trigo no meu celeiro" (Mt 13, 24-30).

O Senhor pede-nos que saibamos sofrer e esperar. À vista de tanto mal que parece prosperar, Deus quer que, ao invés de nos entregarmos a atitudes furiosas, sigamos o caminho divino de, pacientemente, ir afogando o mal em abundância de bem.

Os autores de teologia espiritual costumam distinguir cinco graus na prática progressiva da virtude da paciência:

1) a *resignação*, sem queixas nem impaciências perante os contratempos que o Senhor envia ou permite;
2) a *paz e serenidade* perante quaisquer penas, sem esse matiz de tristeza ou melancolia que parece inseparável da mera resignação;

3) a *doce aceitação*, na qual começa a manifestar-se a paz interior perante as cruzes que Deus permite para nosso maior bem;
4) a *alegria completa*, que nos faz dar graças a Deus porque se dignou associar-nos ao mistério redentor do sacrifício do Calvário;
5) a *loucura da cruz*, que nos leva a amar e mesmo desejar o sofrimento interior e exterior porque nos configura com Jesus Cristo. Compreendemos então que São Paulo tenha dito: *Quanto a mim, não queira Deus que me glorie senão na cruz de nosso Senhor Jesus Cristo, por quem o mundo está crucificado para mim e eu para o mundo* (Gl 6, 14). E que Santa Teresa de Ávila exclamasse: "Ou padecer ou morrer".

A longanimidade

Virtude afim da paciência, ou antes uma espécie dela, é a "longanimidade", que é "a virtude que nos dá forças para tender para um bem que está muito longe de nós e cuja consecução, portanto, se fará esperar muito tempo"[1].

---

(1) Antonio Royo Marín, *Teología de la perfección cristiana*, 10ª ed., BAC, Madri, 2002, p. 551.

Por outras palavras, "é uma virtude que consiste em saber esperar. Em quê? No bem que esperamos de Deus, do próximo e de nós mesmos. Consiste, pois, em evitar a impaciência que poderia causar-nos a demora em alcançar esse bem. Saber sofrer essa demora: é isso a longanimidade. Eis por que alguns a chamam "longa esperança". É a virtude de Deus, que sabe esperar-nos na nossa hora; é a virtude dos santos, sempre sofridos, sempre pacientes com todos. Grande e admirável virtude, que o Apóstolo São Paulo coloca entre os doze frutos do Espírito Santo (Gl 5, 22)"[2].

Os defeitos dos outros oferecem-nos uma oportunidade contínua de praticar esta virtude, mas oferecem-na sobretudo aos pais, aos professores e aos sacerdotes, isto é, àqueles que têm como tarefa principal a educação humana e espiritual dos outros.

Acontece que "fazer um homem completo", ajudá-lo a alcançar um nível de excelência, é uma tarefa difícil e demorada. Os animaizinhos, depois que nascem, tardam umas

---

(2) Lucien-Augustin Toublan, *Las virtudes cristianas*, cit. em Antonio Royo Marín, *Teología de la perfección cristiana*, *ibid*.

semanas a chegar à maturidade que lhes é própria; nós, os homens, precisamos de anos. E como todos tendemos ao imediatismo, a ver logo o resultado do nosso trabalho, custa aos educadores manter a equanimidade por longo tempo, sobretudo quando tantos esforços humanos, econômicos e espirituais parecem produzir efeitos contrários aos que eram de esperar.

Quantos pais não manifestam a sua preocupação e angústia ao observarem mudanças para pior na conduta dos seus filhos! Sentiam-se felizes vendo que, aos oito, nove ou dez anos, eram afetuosos, obedientes, serviçais, piedosos, estudiosos etc., e depois se afligem ao vê-los, dos treze aos dezesseis anos, rebeldes, contestatários, egoístas, preguiçosos...

Pensam e comentam: Como é possível que o meu filho tenha mudado tanto? Em casa, só viu bons exemplos e recebeu bons conselhos; matriculamo-lo num colégio de bom nível intelectual e moral; não poupamos tempo e esforços para que chegasse a ser uma pessoa humana e cristãmente madura; cuidamos das suas companhias e diversões... E o resultado de tantos sacrifícios e preocupações é que perdemos o nosso filho!

Sentem-se frustrados e fracassados porque esse filho não seguiu uma linha uniformemente ascendente no seu amadurecimento humano e espiritual.

É verdade que, ao passarem pela adolescência, há rapazes e moças que, tendo recebido uma boa formação quando crianças, parece que se afundam para sempre. Mas a experiência ensina que, com o decorrer do tempo, ao cabo de mais ou menos anos, recapacitam, retificam os seus erros e têm uma conduta exemplar. É questão de saber esperar, de praticar a virtude da longanimidade, sem jogar a toalha no chão. *Nenhum esforço pelo bem se perde*.

A mãe de uma moça de vinte anos contava-me que, durante os quatro últimos, a sua filha só lhe tinha dado desgostos: protestava sem parar, não ajudava em nada, não ia à missa aos domingos, mantinha relações sentimentais com um casado, etc. Essa mãe era uma excelente cristã e sofria muito com a situação. Um dia, com a perspicácia própria de mulher, conseguiu que uma amiga de uma organização católica convidasse a filha a passar uma temporada na Índia a serviço daquelas almas. A filha aceitou. Agora escreve-lhe umas cartas emocionantes: trabalha com diligência, assiste à missa não só aos domingos, mas em dias de semana, reza e recebe com frequência os sacramentos e confessa à mãe que agora a compreende, que aprecia as suas virtudes e agradece tantos sacrifícios e bons conselhos que dela recebeu.

Coisa muito parecida se pode dizer dos professores e sacerdotes. Experimentam com frequência a sensação de fracasso, sobretudo quando, com o passar do tempo, veem que os seus alunos ou paroquianos se instalaram numa confortável mediocridade, que não têm interesse em enriquecer os seus conhecimentos nem em melhorar de conduta e, em vez de manifestarem respeito e agradecimento, parecem exigir que sejam o professor e o sacerdote quem respeite a sua indisciplina e a sua indolência.

Quantas vezes pais, mestres e sacerdotes têm a tentação de desistir, de abandonar à sua sorte essas criaturas que geralmente têm um coração grande e generoso, mas que, como fruto da idade, do ambiente, das paixões, se mostram bruscas, ingratas e desafiadoras! São melhores, são piores que nós quando tínhamos a mesma idade? No fundo são iguais, porque o homem é o mesmo de sempre; mas são diferentes, porque os tempos mudaram. Dentro de uns anos, certamente pensarão e dirão dos jovens da sua época o mesmo que nós comentamos deles agora.

A paciência e a longanimidade levar-nos-ão a manter a serenidade e a esperança. O mundo não se afunda. É o nosso egoísmo que nos leva a ver a situação mais preta do que realmente é: muitas vezes, reagimos tão mal, não porque, com as suas debilidades, o nosso próximo ofende e compromete o seu porvir, mas porque não faz caso dos nossos conselhos, contraria os nossos gostos, impede o nosso descanso e nos faz passar mal.

"Não digas: essa pessoa aborrece-me. — Pensa: essa pessoa santifica-me"[3].

"É mister conseguir que as almas apontem muito alto: empurrá-las para o ideal de Cristo [...], porém sem esquecer que a santidade não é primordialmente questão de

---

(3) São Josemaria Escrivá, *Caminho*, São Paulo, 2023, n. 174.

braços: normalmente, a graça tem os seus tempos e não gosta de violências. — Fomenta as tuas santas impaciências..., mas não percas a paciência"[4].

---

(4) São Josemaria Escrivá, *Sulco*, n. 668.

A CONDESCENDÊNCIA

Paciência, longanimidade... Virtudes que levam a uma outra, que lhes dá sustentação e as demonstra: a *condescendência* de uns para com os outros. Para os espíritos ásperos, pode parecer uma fraqueza — e às vezes é —, mas geralmente será ceder por caridade, abrindo mão de raciocínios de justiça, de direitos que caberiam à pessoa, e até de sensatez. É um espírito benigno que inclina a satisfazer os desejos, por vezes aparentemente disparatados, dos que nos rodeiam. Um episódio pode mostrá-lo mais do que muitas considerações:

"O ônibus de peregrinos a Roma, na viagem de regresso, chegava a Florença por volta das onze da noite. Como a rua em que estava o hotel era estreita, só pôde deter-se o tempo indispensável para que os passageiros descessem e se descarregassem as malas.

"Com tanta pressa, um casal de idade madura, que beirava talvez «a primavera da velhice», viu-se no saguão do hotel envolvido numa acalorada discussão.

"— Eu bem temia! Com a pressa, ficaram no ônibus o transistor e o guarda-chuva. Distraído!

"— Você também não se lembrou de pegá-los. Enfim, mulher, amanhã os encontraremos.

"— Ai não! Não me fio. Lembre-se de que em Roma forçaram a porta do ônibus e levaram tudo o que encontraram. Tem que ir buscá-los já.

"— Mas veja... agora não é possível. Como posso saber onde está o ônibus?

"— Deve ter estacionado em alguma praça central... Você tem que encontrá-lo antes de o motorista e o guia irem dormir.

"— Acho que é uma tolice sair à rua a esta hora... e sem termos ainda a chave do quarto.

"— Eu cuido da chave. Joaquim, se não for, você me dá um desgosto.

"O pobre homem pôs-se a andar a esmo pelas ruas da cidade desconhecida, sem encontrar em parte alguma o enorme ônibus pintado de verde. Finalmente, ao desembocar na Piazza della Santa Croce, viu o motorista, que estava sentado na calçada de um bar tomando um refresco.

"Mal recuperou os objetos esquecidos, Joaquim empreendeu o regresso ao hotel, tomando como ponto de referência, para orientar-se, o Campanile de Giotto. Depois de várias tentativas, conseguiu dar com a rua quando já passava muito da meia-noite. Na recepção, dirigiu-se ao encarregado do turno da noite que, além de ser surdo como uma porta, só sabia falar italiano.

"Não adiantou que Joaquim lhe explicasse o que acontecera e lhe pedisse que indicasse o número do quarto em que devia estar a sua esposa.

"— *Non capisco niente*, disse o empregado.

"E deu-lhe a chave de um quarto individual.

"— Mas eu sou casado! A minha mulher está à minha espera...

"— *Scusi..., ma non capisco spagnolo*.

"Morto de sono, Joaquim pensou que a sua esposa também deveria estar cansada e teria adormecido sem perceber. Na impossibilidade de saber o número do quarto do casal, optou por aceitar a chave e pouco depois dormia como um justo.

"Efetivamente, Marieta tinha ficado adormecida numa poltrona do quarto enquanto esperava o marido. Acordou subitamente e, ao ver que horas eram, sobressaltou-se: «Meu Deus! Que terá acontecido com Joaquim?»

"Desceu ao saguão e, como também não conseguiu fazer-se entender do empregado, lançou-se à rua, entre soluços e lamentos, em busca do marido.

"Então o empregado, numa alarde de intuição, deu uma palmada na testa e exclamou:

"— *Allora capisco!*

"E telefonou ao quarto de Joaquim.

"— *Signore... la sua moglie... andate presto.*

"O pobre Joaquim atirou-se outra vez à rua, mas não viu ninguém por perto. Sem saber para onde ir em busca da mulher, tornou a dar voltas ao acaso pela deserta Florença das três da madrugada. Foi para cá, foi para lá, mas nada. Exausto e desmoralizado por aquela noite de pesadelo, decidiu desandar o caminho, não fosse perder-se se se aventurasse mais.

"Por fim, no dobrar de uma esquina, os dois cônjuges encontraram-se frente a frente.

"— Joaquim!

"— Marieta!

"Ao contrário do que seria de esperar, não houve palavras de censura nem maus modos. Abraçaram-se com a alegria do reencontro. A mulher chorava.

"— Meu bem..., perdoe-me. A culpa foi minha..., mas hoje fiquei sabendo como te quero.

"— Eu também, Marieta. Bem vê, isto serviu para que voltássemos a pronunciar umas palavras que tínhamos esquecido há muitos anos.

"— Sim, hoje acabaram as rudezas. Por agora sermos velhos, não havemos de tratar-nos com o mesmo carinho da nossa juventude?

"E de braço dado, quase juntas as cabeças grisalhas, regressaram ao hotel, quando já os primeiros raios do sol douravam as alturas de Fiésole"[1].

---

(1) *Hojas culturales*, n. 963, p. 1.

O OTIMISMO

Os defeitos do próximo levam facilmente a ver tudo preto, catastrófico, insolúvel. Daí a cair no pessimismo vai um passo: se não há solução, por que procurá-la?, por que esforçar-se? E assim se cai no reducionismo, que inclina cada qual a refugiar-se em si mesmo e a contentar-se com salvar a própria pele.

Assim como as fraquezas do próximo podem levar alguns a fechar-se, empreendendo uma marcha descendente que é puro egoísmo, podem animar outros a tentar a escalada, oferecendo às pessoas das suas relações os meios de que necessitam para alcançar a maturidade na conduta. Tudo depende da atitude que se decida ter: de fuga ou de ajuda.

Quem queira descobrir o lado bom que todos temos, animar-se-á a passar por cima das misérias próprias e alheias e decidir-se-á a empreender a belíssima tarefa de afogar o mal em abundância de bem. Talvez não possa eliminar o mal, mas ninguém poderá impedi--lo de multiplicar as boas obras e de procurar que, sobre o pessimismo do mal, brilhe o otimismo do bem.

Otimista não é o tonto ou o ingênuo que fecha os olhos aos aspectos negativos dos outros. Conhece-os, mas é tão sábio que sabe valorizar os aspectos positivos e tirar partido dos negativos. É aquele que, numa obra de arte, distingue perfeitamente as luzes e as sombras, e sabe que são precisamente estas que fazem ressaltar aquelas.

O otimismo, que — como a própria palavra o diz — impele ao ótimo, opõe-se não só ao reducionismo, que tende ao mínimo, mas também à mediocridade, que fica no meio. Há tantas pessoas que dão a impressão de contentar-se com o mínimo ou com a meia altura!

Certa vez, li uma fábula que me impressionou profundamente. Um senhor encontrou um ovo de águia. Levou-o para casa e pô-lo a chocar com os demais ovos de uma galinha. O rei das aves nasceu como os pintinhos, cresceu com eles e comportou-se como eles: escarvava a terra em busca de vermes e insetos, piava, cacarejava; até batia as asas e voava uns metros, como eles.

Passados uns anos, a águia chegou à velhice. Um dia, viu no alto uma ave que sulcava o céu azul com elegância e majestade.

— Que é aquilo?, perguntou a uma galinha que estava ao seu lado.

— É uma águia, a rainha das aves. Mas não pense nela. Você e eu somos diferentes: ela pertence ao céu e nós à terra.

E a águia viveu e morreu pensando que era uma galinha.

Quantas pessoas há que estão feitas para voar como a águia real, e passam a vida escarvando o chão em busca de vermes e sem voar mais alto que uma galinha!

Os que têm coração grande e nobre experimentam uma sede irreprimível de escalar os mais altos cumes da maturidade cristã.

Este foi o otimismo que Cristo nos ensinou com o seu exemplo e a sua palavra. Não nos propôs metas baixas, nem médias, nem fáceis. E nunca desanimou ante as fraquezas dos outros. Quem foi mais otimista que Ele?

Os Apóstolos que escolheu para depositar neles a sua confiança tinham grandes defeitos, mesmo depois de conviverem com

Ele durante três anos e de receberem diretamente dEle a formação de que precisavam. Davam a impressão de nada ou pouco entenderem da missão do seu Mestre: no final, um deles entrega-o, outro nega-o e todos o abandonam. Nós pensaríamos:

— Meu Deus, que posso fazer com estes senhores que não entendem nada e só servem para pescar num lago?

Mas Jesus não desanimou: *amou-os até o fim* (Jo 13, 1), deu a vida por eles, rezou por eles para que não desertassem, instruiu-os de todos os modos possíveis e assegurou-lhes as luzes e a fortaleza do Espírito Santo, transformando-os de medrosos em colunas da sua Igreja.

E com o mesmo nível de otimismo encara os seus discípulos de todos os tempos. Não é que desconheça as suas fraquezas, pois conhece bem o que há no interior do homem (cf. Mc 2, 8), mas atreve-se a dizer-lhes em forma imperativa: *Sede perfeitos como meu Pai celestial é perfeito* (Mt 5, 48). Quantos homens e mulheres, crianças, jovens e adultos se têm esforçado e continuam a esforçar-se por seguir muito de perto o divino Mestre!

A história oferece-nos copiosos exemplos de pessoas que venceram defeitos muito enraizados na sua vida: uns "caíram do cavalo" com um golpe "seco" da graça divina, como São Paulo; outros como fruto de uma dramática luta interior, como Santo Agostinho.

A maioria, no entanto — da qual certamente fazemos parte você e eu, e muitos dos que nos rodeiam —, não conseguiram nem uma coisa nem outra, mas mantêm uma luta silenciosa, ainda que sem resultados clamorosos, contra os seus defeitos: não jogam a toalha. Umas vezes ganham, outras perdem, mas perseveram no lugar de combate, firmes, sem retroceder. Se víssemos a alma dos nossos familiares, de alguns amigos e colegas, a batalha que travam para vencer-se, poderíamos ser mais otimistas.

Neste ponto, faríamos bem em meditar no relato bíblico de Jó, cuja fé e têmpera cresceram à medida que ia sendo fustigado pelas desgraças mais terríveis por obra do maligno, com a permissão de Deus, para provar a sua fidelidade (cf. Jó 1, 1-13; 42, 10-17).

Contudo, não é só no Antigo Testamento, mas também nos nossos dias que se revelam almas de uma fé, amor e perseverança em grau heroico. Ofereço a seguir um resumo da entrevista divulgada em 1980 pela BBC de

Londres, dez dias depois de ter falecido uma mãe de três filhos, que sabia que ia morrer em breve devido a um câncer inoperável. A pedido dos ouvintes, a entrevista feita por Roy Trevisan a essa mãe católica foi repetida várias vezes pela BBC.

"— *A senhora acha que o médico fez bem em dizer-lhe que vai morrer e que lhe resta pouco tempo de vida?*
"— Estou extremamente agradecida a esse médico. Talvez em outros casos não fosse o mais acertado. Mas quanto a mim, sempre esperei que os médicos me fizessem este favor. Antes da morte de meu pai, passamos os seis últimos meses envolvidos numa rede de mentiras. Acredite, isso foi a coisa mais terrível e penosa que me sucedeu na vida. Meu pai era um homem excelente, um perfeito cristão, saberia acolher a informação com paz e nós não teríamos vivido aqueles seis meses atrozes.
"— *Aqui estamos, a senhora e eu, frente a frente. A senhora sabe que vai morrer dentro de pouco tempo e eu sei que a senhora sabe. Posso perguntar-lhe o que sente, agora que se aproxima o desenlace?*

"— Bem. O senhor já passou uma noite inteira trabalhando? Apossou-se do senhor, alguma vez, uma ideia maravilhosa que o impedia de dormir e o obrigava a passar a noite escrevendo? Experimentou alguma vez uma paixão tão forte que o obrigasse a passar a noite inteira à janela vendo a lua descer no horizonte? Bem, se o senhor já fez alguma destas coisas, compreenderá a impressão que se sente quando vem a escuridão e o mundo se cala. Terá conhecido esses momentos notáveis entre as duas e as quatro da manhã, em que o corpo está em repouso, mas o espírito desperto. Percebe-se a verdade, a escuridão dissipa-se e a luz volta. Para mim, pessoalmente, a morte nunca foi outra coisa senão a passagem de um dia para outro.

"— *Agora que se aproxima a morte, o que é que a senhora mais teme?*

"— Não temo o desconhecido. Tenho três filhos cujas idades vão dos treze aos dezenove anos. Eles são quase toda a minha vida. Mas como cristã que sou, sei que só morremos quando Deus quer e não em outro momento, e que, se Ele me chama,

Ele velará por eles. Então... isto, no fundo, não é tão espantoso.

"— *A senhora sente algum pesar pelo tempo perdido ou pelas coisas que teria podido ou devido fazer?*

"— Claro que sim. Mas olhe, sempre achei que a melhor coisa era sentar-se ao sol e dar graças a Deus pela sua Divindade. No colégio, quando era pequena, a Irmã dizia que, se queríamos avaliar uma coisa no seu justo valor, era preciso perguntarmo-nos como consideraríamos essa coisa no nosso leito de morte e dizer: «Se eu morrer esta semana, tal ou qual coisa teria sido importante?» Estas ideias dão uma excelente escala de valores quando se pensa nos amigos, no trabalho ou seja no que for. Agora, em suma, pesa-me não ter rezado bastante e não ter amado bastante.

"— *Que entende por «não ter rezado bastante»? Porque sem dúvida a senhora rezou muito.*

"— Mas, diga-me, o que é que o senhor entende por rezar?

"— *Seria melhor que a senhora mesma o dissesse...*

"— Ensinaram-me que a oração consiste em elevar a alma e o coração a Deus. À medida que os anos foram passando, percebi que orar é despojar-se de si mesmo, de todo o seu ser, até que não fica na alma senão uma zona de paz, que se oferece ao Senhor e que Ele preenche com a sua bondade, a sua divindade. Percebi que a ação deve proceder da oração; e que toda a ação que não tenha a sua origem na oração não conduz a nada. Muitas ações da minha vida não foram acompanhadas de oração e por isso acabaram em nada.

"— *A senhora diz que sente não ter amado bastante. Que entende exatamente por isso? A senhora tem marido e três filhos, e estou certo — basta vê-la — de que os ama muito. Em que é que a senhora pensa que lhe faltou amor?*

"— O senhor pode definir o amor? Pessoalmente, creio que o amor não tem nada a ver com reações e emoções agradáveis. Olhe para o Crucifixo. É a negação de si mesmo, e para todo o cristão simboliza o Amor. Mas depois da Sexta-Feira Santa vem a gloriosa surpresa da Páscoa. Para toda a pessoa que se diz cristã, o amor é parte integrante de tudo isso e também parte integrante da sua vida.

"— *Bem. Suponhamos que agora lhe restam dois meses de vida. Como vai preparar-se para passar este tempo? Todos os momentos estarão ensombrecidos pelo pensamento de que vai morrer?*

"— Que disparate! Isso não tem pés nem cabeça.

"— *Nem tanto, porque há gente que diz: «Por que isto tinha de acontecer comigo? Deus é injusto por fazer que isto aconteça comigo». Gostaria, pois, de saber quais são as suas reações, como vai a senhora passar estas últimas semanas ou meses da sua vida.*

"— A vida é um dom imenso, é o maior dom que Deus nos pode fazer. E a vida da alma, a verdadeira vida, é eterna, não cessará com a morte do meu corpo. O meu corpo é a parte menos importante do meu ser. Quando o médico me disse que eu ia morrer, que era melhor que voltasse a internar-me no hospital, respondi-lhe: «Não, desculpe; agradeço-lhe muito que me tenha dito a verdade, mas vou agarrar-me à vida, não vou voltar ao hospital». Discutimos, porque ele achava que eu devia voltar ao hospital para esperar ali o meu fim, e outras coisas mais... Acho que foi a Santo Inácio que, num momento em que varria um corredor, os seus noviços lhe foram perguntar o que é que faria se de repente tivesse a certeza de que o mundo acabaria dentro de dez minutos. «Continuaria a varrer este corredor», respondeu. É isto precisamente o que eu vou fazer, e não só porque amo a Deus, mas porque estou convencida de que Deus me ama.

"— *Não me fará a senhora pensar que, por saber que vai morrer, não vê a pouca importância de algumas coisas e a muito grande de outras... Irá continuar simplesmente a fazer o que fazia antes de saber que vai morrer?*

"— Oh não! Em primeiro lugar, Deus não mo permite, porque as minhas forças físicas diminuem sem parar. E como não consigo orar bem, pois nunca rezei muito, voltei aos meus costumes preferidos de quando era jovem antes de casar-me. Concedo-me o privilégio de ir à missa e comungar todos os dias. Mesmo que não se consiga dirigir uma prece ao Senhor, sempre se pode obter consolo pensando nEle. Pode-se oferecer-lhe a nossa presença, a nossa oração, que é algo que reconforta todo o dia.

"— *Há coisas que agora lhe parecem importantes e que antes não lhe pareciam, ou, pelo contrário, há coisas que agora lhe parecem sem importância e antes lhe parecia que tinham?*

"— Posso dizer-lhe algumas coisas que agora me parecem importantes. Vejo muitos pais com os seus filhos. [...] Acho que os adultos estão tão absorvidos pelo lado material da vida que acabam por perder o contacto com os seus filhos. Se refletissem por uns momentos e dissessem de si para si: «Na semana que vem talvez esteja morto. O importante é que o meu filho saiba que eu, seu pai, sinto amor por ele, que o acho o melhor dos rapazes», se os pais pudessem dizer a cada um dos seus filhos: «Respeito-te, estou orgulhoso de ti, amo-te», tenho a certeza de que os filhos se esforçariam por merecer o respeito de seus pais.

"Outra coisa: trata-se de olhar de frente o pior que nos possa acontecer.

Se damos as costas ao que nos apavora, sucumbimos ao terror; mas se fazemos frente ao que nos horroriza, ou a natureza disso muda ou percebemos que contém algum ensinamento salutar enviado por Deus.

"Estou também convencida de que não abrimos muito lugar para Deus na nossa vida quotidiana. Tem-me sucedido com frequência que, quando vou à igreja, digo: «Senhor, se queres que dê de comer aos que me rodeiam nesta semana, terás de enviar-me comida ou dinheiro». Pois bem, acredite: a minha oração sempre foi escutada.

"— *Se eu fizesse isso, tenho a impressão de que seria um pouco ingênuo, quase supersticioso.*

"— Eu penso que é preciso entregar-se a Deus antes de esgotar todos os recursos. O senhor é pai de família. E não estaria contente se o seu filho chegasse ao último extremo sem antes lhe ter pedido ajuda. Sendo assim, por que não se porta da mesma maneira com Deus?

"— *Mas então por que a senhora não espera um milagre? Por que se resigna a morrer e não se volta para Deus e lhe diz: «Meu Deus, faz um milagre, faz que me cure»?*

"— Todos os dias digo a Deus: «Meu Deus, morrerei quando Tu quiseres que eu morra, não quando os médicos me disserem que vou morrer». Penso que fazer um milagre é suspender as leis da natureza. Por que havia Deus de fazer um milagre por mim?

"— *E por que não?*

"— Se Ele quiser fazer um milagre, há de fazê-lo.

"— *E se Ele não quiser, sentir-se-á magoada?*

"— De maneira nenhuma.

"— *Acho que compreendo o que quer dizer. Quando as crianças pedem às vezes certas coisas, os pais compreendem perfeitamente por que o fazem, mas sabem também que não podem satisfazê-las, quer por ser impossível ou porque lhes seria prejudicial. Mas a senhora não tem um pouco a impressão de que isso é injusto e de que há às vezes isso que se podia dizer mortes trágicas? Por exemplo, uma jovem mãe que é boa, que teme a Deus, que cumpre os seus deveres de piedade e ama Jesus, e Deus a chama a si. E outras que não se preocupam com nada, que fazem estragos por toda a parte, e vivem até os noventa anos. Não lhe parece um pouco estranho, um pouco injusto?*

"— Lamento ter de responder-lhe que tudo isso a que chamam injustiça é uma tolice. Nós não podemos arrogar-nos o direito de decidir o que é justo ou injusto. Deus é Amor, Deus é Justiça. Além disso, prefiro acolher-me mais à misericórdia divina do que à sua justiça [...]. Como cristãos, nós percebemos um resplendor no horizonte. Este resplendor dá um sentido totalmente diferente à vida.

"— *Georges Harrison, um dos Beatles, disse num artigo que provavelmente retornaria ao cristianismo, porque nenhuma das outras doutrinas que examinou lhe deu a resposta que procurava. O que desejaria saber é o que nós fazemos aqui em baixo, qual é o sentido da vida para os seres humanos.*

"— Deus criou-me e trouxe-me ao mundo para que o conheça, o ame e o sirva neste mundo, e conheça a felicidade da sua presença no outro.

"— *A senhora cita textualmente o catecismo.*

"— Ele faz parte de mim mesma.

"— *Procure exprimi-lo à sua maneira. Qual é o sentido da vida para os humanos?*

"— Quando um rapaz diz a uma moça: «Amo-te, casa-te comigo», e depois se casam, estão unidos para toda a vida. Não ficam repetindo o tempo todo: «Amo-te, amo-te». O cristianismo é assim. O senhor pertence a Cristo, a sua própria vida é um testemunho cristão; o senhor deve amar e servir a Cristo nos outros. Não chegará a isso só pelo pensamento ou pela palavra: chegará pela maneira de comportar-se. Penso que damos demasiada importância ao lado intelectual da vida e à ação. Mas pode-se chegar tão bem a Deus pelo amor como pelo pensamento.

"— *Uma última pergunta. Acho que se vai aborrecer se lhe digo isto. Tenho pensado com frequência que, quando chegar a minha vez de morrer, gostaria de abraçar pela última vez a minha mulher e os meus filhos e afastar-me com ar alegre, deixá-los e desaparecer. Tenho um plano secreto na cabeça: digo para mim que irei para um certo lugar que conheço, muito longe da minha mulher e dos meus filhos, onde haverá uns amigos a quem direi: «Venho aqui para morrer; quereria que cuidásseis de mim, porque eu morrerei, e a minha mulher...»* A senhora ri.

"— O senhor faz-me pensar num elefante. É o que fazem os elefantes quando pressentem que vão morrer.

"— *A senhora diz que a faço pensar num elefante, porque não quero ter à minha volta as pessoas que amo quando começar a delirar ou a entrar em coma.*

"— Nosso Senhor levou a sua cruz até o Calvário e a sua Mãe o seguiu. Era uma mulher e permaneceu ao pé da cruz enquanto o seu Filho morria nela. Ele, o Filho, aceitou isso..., e não houve amor e compreensão mais perfeitos. Por que não fazermos nós o mesmo? Não podemos amar-nos também dessa maneira no Senhor?

"— *Então a senhora quereria ter à sua volta as pessoas que mais ama?*

"— Não tenho refletido muito nisso, mas sou muito feliz abandonando-me nas mãos do Senhor. Porque sei que posso morrer no ônibus, rodeada de estranhos, e, sendo assim, por que me hei de preocupar com isso?

"Isto é tudo; não há nada que acrescentar"[1].

Não há nem uma ponta de derrotismo melancólico nestas confidências de uma mulher ainda jovem que sabe que não vai demorar a morrer. Há demasiadas sombras e pouca luz no mundo. Falta o otimismo da fé, e temos de espalhá-lo a mãos cheias. Temos de semear:

* onde há tristeza, a alegria do otimismo cristão;
* onde há pusilanimidade, a ousadia da fé;
* onde a covardia e o desânimo, a coragem de quem sabe que em Deus somos vencedores;
* onde o nervosismo, a serenidade dos filhos muito amados de Deus;
* onde a amargura e as más caras, o sorriso e a afabilidade de Santa Maria, saúde dos enfermos, refúgio dos pecadores, consoladora dos aflitos, auxílio dos cristãos.

---

(1) *Mundo cristiano*, 226 (1981), pp. 22-28.

Até onde pode crescer a nossa fé? *Os Apóstolos disseram ao Senhor: "Aumenta-nos a fé!" Disse o Senhor: "Se tiverdes fé como um grão de mostarda, direis a esta amoreira: Arranca-te e planta-te no mar. E ela vos obedecerá"* (Lc 17, 5-6). Temos de pedi-la com ardor, e o Senhor no-la concederá, para que com a nossa sobreabundância possamos anular os defeitos alheios que resultam de uma visão míope da vida. As carências dos outros servir-nos-ão de acicate para crescermos numa fé sólida e robusta, que se extravasa em otimismo inalterável.

A HUMILDADE

Ao contrário do que seria de esperar, os defeitos do próximo podem ser uma poderosa ocasião para crescermos em humildade.

A humildade é a virtude que nos leva a combater a desordenada inclinação para a nossa excelência, fazendo-nos conhecer a nossa verdadeira pequenez, principalmente com relação a Deus. Faz-nos descobrir que tudo o que temos de bondade e perfeição recebemo-lo de Deus, e tudo o que possuímos de imperfeição procede de nós mesmos.

A humildade é "andar na verdade"[1], pois a realidade das coisas se mede pelo que elas são aos olhos de Deus. É por isso que o orgulhoso

---

(1) Santa Teresa de Jesus, *O castelo interior* ou *As moradas*, *Sextas moradas*, 10, 7.

se move num mundo irreal e fictício. Vive convencido de que está cheio de qualidades conseguidas unicamente graças ao seu esforço pessoal; e, em contrapartida, pensa que os seus defeitos são poucos e irrelevantes, e que os outros possuem poucas virtudes e estão carregados de deficiências.

O humilde não se cansa de agradecer a Deus tantos favores que dEle recebeu, e sente a necessidade de pedir-lhe perdão pelas suas inúmeras ingratidões e pecados. E a sua atitude para com o próximo é análoga: experimenta a necessidade de ser agradecido aos que lhe fizeram algum bem, e de pedir perdão a quem ele tenha ofendido ou tratado mal.

O primeiro efeito positivo que as falhas alheias podem proporcionar-nos é levar-nos a examinar se nós próprios não incorremos nessas mesmas deficiências que tanto nos incomodam nos outros. Vejamos:

* não é por eu ser invejoso que descubro inveja nos outros?
* não é por eu ser tacanho e egoísta que não suporto as aparentes mesquinharias dos outros?

* não será que tenho a sensibilidade à flor da pele quando acuso os outros de falta de delicadeza?
* não me envergonha acusar os outros de mal-pensados, críticos, intransigentes, quando esse juízo talvez seja prova de que eu mesmo sou tudo isso?
* se vejo prepotência nos outros, não será porque me tiram espaço para eu mesmo me afirmar e dominar?

Os nossos olhos veem os dos outros, mas não se veem a si mesmos. Com os defeitos acontece algo de parecido: vemos a palha no olho do nosso irmão e não vemos a trave no nosso (cf. Mt 7, 3).

Os defeitos dos outros hão de ser um forte estímulo para nos conhecermos como somos e começarmos por varrer à nossa porta. Assim cresceremos em humildade, virtude indispensável para a convivência pacífica e para o progresso espiritual.

Em segundo lugar, o humilde — precisamente, porque se reconhece com defeitos —, perde toda a vontade de julgar os outros. Jamais se compara com ninguém para se sentir superior, como na parábola do fariseu e do publicano:

> *Subiram dois homens ao templo para orar; um era fariseu e o outro publicano. O fariseu, em pé, orava no seu interior desta forma: "Graças te dou, ó Deus, porque não sou como os demais homens: ladrões, injustos e adúlteros; nem como o publicano que está aí" [...]. O publicano, porém, mantendo-se à distância, não ousava sequer levantar os olhos ao céu, mas batia no peito, dizendo: "Ó Deus, tem piedade de mim, que sou pecador". Digo-vos: este voltou para casa justificado, e não o outro* (Lc 18, 9-14).

Por isso o humilde dá como dirigidas a si estas considerações do livro *Caminho*:

> "Se és tão miserável, como estranhas que os outros tenham misérias?"[2]
> "É mais fácil dizer que fazer. Tu... que tens essa língua cortante — de navalha —,

---

(2) São Josemaria Escrivá, *Caminho*, n. 446.

experimentaste alguma vez, ao menos por acaso, fazer «bem» o que, segundo a tua «autorizada» opinião, os outros fazem menos bem?"[3]

E um terceiro ponto. A pessoa humilde está nas condições ideais para ajudar os outros a vencer os seus defeitos pelo exercício da correção fraterna: porque o seu desejo de ajudar por esse meio — uma prática que remonta aos primeiros tempos do cristianismo — virá à tona na cordialidade e no afeto com que adverte, sempre consciente de que ela mesma pode cair no defeito que se propõe corrigir no outro.

Disto falaremos mais adiante, mas desde já podemos dizer que só uma pessoa humilde sabe como exercer essa prova de fina caridade, porque ela mesma procura, aceita e agradece que a ajudem a superar os seus muitos defeitos. E assim como ela mesma deseja ser advertida com delicadeza, sabe usar dessa mesma delicadeza quando é ela que cumpre esse dever para com os outros.

---

(3) São Josemaria Escrivá, *Caminho*, n. 448.

Para o humilde, os defeitos alheios não são, pois, uma ocasião de enaltecer-se ou de desprezar — "eu não sou como os outros" —, mas diríamos de *humilhar-se*, pensando que, se Deus o abandonasse, seria pior que ninguém. E com isso cresce numa virtude que lhe garante um lugar no céu. Pode-se querer mais?

O CUIDADO DOS PORMENORES

Ordinariamente, os defeitos dos nossos semelhantes não são coisas grandes, capazes de causar um homicídio, de desfazer uma comunidade, uma empresa ou uma família. Normalmente, manifestam-se em coisas muito pequenas que, por si mesmas e a curto prazo, não terão consequências trágicas.

No entanto, como incomoda conviver com uma pessoa que habitualmente descuida os pormenores! E como essas falhas pequenas podem azedar o relacionamento ou frustrar planos de importância!

Não se trata de pensar na nave espacial que se desintegrou devido a uma falha tão pequena que nem os olhos dos técnicos nem os aparelhos mais sofisticados foram capazes de detectá-la, e que custou vidas humanas. Trata-se de coisas tão corriqueiras como uma palavra a mais ou a menos numa conversa intranscendente, de uma explosão de nervos a propósito de nada, de uma extrema suscetibilidade quando se tocam certos assuntos, de desordem nos objetos pessoais, de atrasos de cinco minutos nos compromissos... Nada disso são deficiências próprias para desencadear, em situações normais, um drama familiar e muito menos uma tragédia nacional. Mas mortificam os que convivem conosco ou lhes tornam a vida menos grata. Que partido podemos tirar dessa espécie de defeitos?

Em primeiro lugar, não aborrecer-nos, não ficar de cara amarrada nem criticar, sequer interiormente, os que caem nessas fraquezas. As pequenas fraquezas dos outros, que tantas vezes envenenam ou tiram o bom humor no convívio familiar ou profissional, devem ser sinais vermelhos que nos alertam para a necessidade de crescermos em magnanimidade, uma virtude que nos faz muita falta em tantos outros campos. É um bom exercício aproveitarmos essas *picuinhas* alheias para cultivar um espírito generoso que não dá importância ao que objetivamente não a tem e que tantas vezes é mero produto de um modo de ser que não é o nosso, ou de um descuido ou de um espírito desatento, de uma pressa ou precipitação, mas de maneira nenhuma é mal-intencionada. As pequenas falhas alheias incomodam-nos na medida em que vemos nelas uma intenção de incomodar-nos ou desrespeitar-nos, o que geralmente é uma injustiça.

Depois, devemos procurar nós mesmos esmerar-nos em viver pessoalmente esse cuidado em tudo o que fazemos. Vale a pena, a este propósito, deter-nos a pensar nas nossas obras de cada dia.

Se a alguma delas falta um detalhe, é uma obra imperfeita. Uma coisa perfeita é, por definição, aquela a que não falta nada, que está totalmente acabada. As obras acabadas causam-nos uma grande satisfação; as que estão mal feitas ou por terminar causam-nos desassossego e mal-estar.

Mas a razão mais importante para não cairmos nós no mau acabamento é que desse modo desagradamos a Deus, que é a suma perfeição: as suas obras são perfeitas (cf. Deut 32, 4), e nós, como bons filhos que saem aos pais, devemos imitá-lo ou ao menos esforçar-nos por imitá-lo.

Nos nossos dias, espalhou-se o que se poderia designar por lei do "assim já dá".

Provas dela temo-las todos os dias: um serviço de limpeza que não varre os cantos ou todos os móveis, a revisão de um carro que pouco depois volta a enguiçar, o conserto de um eletrodoméstico que resolve em parte ou por pouco tempo, um relatório encomendado pelo diretor da empresa que não reúne todos os dados nem toca todos os pontos, a informação incompleta de um funcionário sobre os documentos necessários e que nos obriga a voltar outro dia; e as esperas: pelo ônibus que não chega; pelo médico que marca hora de consulta e já se sabe que só seremos atendidos depois de folhearmos nervosamente, na sala de espera, todas as revistas de há mais de seis meses; pela única moça do caixa que, ainda por cima, se levanta e desaparece, e a fila vai engrossando; pela companhia do seguro de saúde, do carro, dos serviços telefônicos, que manda ligar de número em número até que por fim... é preciso recomeçar a tentativa, etc., etc.

Parece que a vida moderna, tão evoluída sob tantos aspectos, tão veloz em tantos outros — *on-line*, diz-se —, adoece de indelicadeza e da falta de humanidade: de algum modo, desumanizou-se. E isso alastra-se e "contagia": contagia o empregado a quem o chefe não dá nem "bom dia", o aluno que vê o professor descuidado em preparar as suas lições, os filhos que não veem o pai fazer-lhes uma pergunta pessoal ou a mãe que é a desordem personificada e se irrita com a moleza e a bagunça dos seus pequenos...

Jesus não cumpriu a sua missão dizendo "assim já dá": ensinei, fiz milagres, dei a conhecer Deus-Pai, que mais podia fazer? Pelo contrário, amou-nos *até o fim* e deu o arremate à sua obra oferecendo-nos o holocausto da cruz, a sua morte e ressurreição, em testemunho da Verdade.

E insistiu-nos, Ele que era Deus, o Senhor do universo: *Quem é fiel no pouco também é fiel no muito* (Lc 16, 10). E na parábola dos talentos (Mt 25, 14-30) felicitou os servos que se tinham esforçado por fazer render o pouco que lhes entregara e indignou-se com aquele que, por preguiça, o havia enterrado.

Há muitos homens que pensam que não vale a pena deter-se em detalhes. Eles foram feitos para coisas "grandes"! Reproduzem à sua maneira a aventura de Tartarin de Tarascon, o Quixote francês do romance de Alfonse Daudet, que se obcecou pela ideia de caçar leões e, como não os encontrava na sua terra nem queria sair dela, se entregou à fantasia de caçá-los pelos corredores da sua casa.

"Pensando naqueles que, com o passar dos anos, ainda andam sonhando — com sonhos vãos e pueris, como Tartarin de Tarascon — em caçar leões pelos corredores da casa, onde porventura não há senão ratos e pouco mais; pensando neles, insisto, recordo-vos a grandeza do caminhar à maneira divina no cumprimento fiel das obrigações habituais da jornada, com essas lutas que cumulam de alegria o Senhor e que só Ele e cada um de nós conhecemos.

"Convencei-vos de que, geralmente, não encontrareis espaço para façanhas deslumbrantes porque, entre outras coisas, não costumam apresentar-se. Em contrapartida, não vos faltam ocasiões de demonstrar através do que é pequeno, do que é normal, o amor que tendes por Jesus Cristo"[1].

---

(1) São Josemaria Escrivá, *Amigos de Deus*, Quadrante, São Paulo, 2000, n. 8.

Os espíritos rudes e raquíticos não vêem os detalhes; os preguiçosos e comodistas não querem vê-los. Mas os que procuram a maturidade e a perfeição prestam-lhes a máxima atenção e esforçam-se com garra por não os deixar passar por alto em cada uma das suas obras. Compreendem que "as almas grandes têm muito em conta as coisas pequenas"[2].

"Xavier, de oito anos, estava preocupado. A sua mãe, mulher habitualmente alegre e otimista, estava de cama passando os últimos dias de uma gravidez complicada. A preocupação do menino era ver a mãe abatida. Queria fazer alguma coisa, mas o quê?

"Lembrou-se então de que seu pai oferecia de vez em quando à mãe uma flor, e que isso a alegrava. Foi ao seu quarto, esvaziou o mealheiro das suas economias e, com as poucas moedas na mão, foi ao florista da esquina e pediu-lhe uma rosa. O dono, que conhecia o menino e a sua família, mostrou-lhe uma rosa bonita, mas

---

(2) São Josemaria Escrivá, *Caminho*, n. 817.

sem nada de especial. O rapazinho não se deu por satisfeito e, apontando com o dedo um ramo de rosas escolhidas, disse:

"— Quero uma daquelas. É para minha mãe, que está de cama.

"— Essas rosas são muito caras. Tem dinheiro suficiente?

"— É claro. Se não o tivesse, não teria vindo comprá-la.

"O florista tirou uma das rosas do ramo, envolveu-a em papel brilhante e deu-a ao menino. Com cara de satisfação, Xavier entregou as moedinhas — não somavam dois reais — e foi-se, levando a rosa de vinte e cinco reais. Um cliente que presenciou o diálogo, comovido, ofereceu-se para pagar a rosa:

"— Deixe-me pagá-la. Gostaria de conhecer a mãe desse menino que é capaz de inspirar-lhe sentimentos tão nobres.

"— De maneira nenhuma — respondeu-lhe o florista —. Nunca vendi uma rosa com tanto gosto.

"Quando o pai do menino regressou a casa e viu a rosa no quarto da esposa, foi imediatamente à loja para pagá-la, mas o florista recusou-se a cobrar nada mais: dava-se por bem pago com as moedinhas"[3].

Como resumo, poderíamos afirmar que as almas "pequenas" só veem as coisas grandes, ao passo que as "grandes" têm um ângulo de visão tão aberto que apreciam a magnificência do que é gigantesco e a importância do que é minúsculo. Em uma coisa e outra, encontram a pegada de Deus, que é tão grande que cabe no pequeno.

Viver e, com o exemplo, ensinar a viver o amor às coisas pequenas, que são a porta que se abre para as grandes. Um professor de uma zona rural ensinava aos seus alunos a importância dos pormenores com este versos:

> *Pouquinho a pouquinho,*
> *a velha tece a lã.*
> *Gota a gota sem parar,*
> *um tonel pode transbordar.*
> *Palhinha a palhinha, o passarinho*
> *faz o seu ninho.*
> *Letra a letra, por fim o menininho*

---

(3) *Hojas culturales*, n. 1602, p. 4.

consegue aprender a ler.
Trabalhando com carinho,
quanto chegarás a saber!

Se vivermos com atenção e esmero os mil detalhes de que se compõe a vida ordinária, sem ficar à espreita de que os outros o façam, sem os julgar se os esquecem — levantar-se para ceder o lugar no ônibus, cuidar da ordem na sala de estar, ser pontual nos encontros marcados, etc., etc. —, só com isso saberemos contribuir para que os outros saiam do seu desmazelo.

SERENIDADE

Por ocasião da festa de Todos os Santos, fui ajudar outro sacerdote, meu amigo, que tem a seu cargo várias paróquias. O seu inflamado zelo pastoral levou-o a programar um dia muito intenso de atos religiosos. Recebeu-me com cara sorridente, como querendo dizer-me: "Hoje, os dois juntos, vamos dar uma grande alegria ao Senhor". Depois de passarmos um bom tempo atendendo confissões e de termos celebrado a missa, dirigimo-nos à casa paroquial para tomar o desjejum e combinar os atos do dia.

No entanto, mal abriu a porta, o rosto do meu amigo alterou-se e saíram-lhe da boca umas palavras duras e exaltadas. Eram contra uns rapazes que, no dia anterior, tinham deixado a casa em completa desordem. E mais se acalorou quando viu que o padeiro não lhe tinha trazido o pão. Procurei acalmá-lo e ele esforçou-se por sorrir, embora me parecesse que fazia mais para comprazer-me do que por vontade. Depois do almoço, despedi-me, mas fiquei com a impressão de que aqueles primeiros arrebatamentos não se tinham apagado de todo.

A quem as falhas dos outros não desatam os nervos e o deixam pelo menos de mau-humor e irritadiço? Se aquele meu amigo, homem virtuoso, escorregou numa casca de banana tão corriqueira, e além disso pouco depois de ter atendido confissões e perdoado em nome e na pessoa de Cristo, e de ter celebrado a missa, que não se passará conosco?

Realmente, os defeitos alheios podem ser o detonador de um momentâneo ou permanente estado de guerra. Assim o vemos na vida das famílias e nos círculos de convivência: esposos que se tratam aos gritos, filhos e pais que provocam situações tensas; vizinhos do andar de cima ou de baixo que azucrinam os nossos ouvidos; condiscípulos que sentem prazer em ferir-se mutuamente com piadas que exasperam; discussões nos bares, nos campos de esporte, em reuniões de "trabalho", no Congresso Nacional ou no Supremo Tribunal de Justiça; brigas ideológicas em política, nas empresas familiares; rivalidades agressivas no meio universitário, entre os docentes de história, de educação, de economia, nos clubes, nas associações de classe...

Vive-se em estado bélico, de alfinetadas, de difamações, de calúnias, que não só machucam os protagonistas, mas envenenam o ambiente e a sociedade. Se a pessoa é virtuosa, domina-se e consegue que as consequências não sejam demasiado desagradáveis; se a sua virtude não é sólida, tem-se a impressão de que pode acontecer qualquer coisa.

Você e eu temos de aproveitar os defeitos alheios para aumentar o nosso amor pela paz, para ser pacificadores, portadores de paz no nosso meio.

Cristo é a nossa paz (Efes 2, 14) e veio trazê-la aos homens de boa vontade (cf. Lc 2, 14). Não a paz como a do mundo, que muitas vezes não é senão um equilíbrio de forças antagônicas, mas uma paz que resulta da unidade com Deus e com os demais homens, e que, como consequência, se manifesta em serenidade.

Diz Santo Agostinho que a paz é a tranquilidade da ordem. Para tê-la e comunicá-la, é preciso que o nosso interior esteja em ordem, isto é, que as nossas ideias e os nossos sentimentos obedeçam a uma hierarquia que ponha em primeiro lugar o mais importante e valioso, em segundo o que vem em segundo lugar, e assim sucessivamente. Essa ordem leva a pôr:

* Deus acima de tudo;
* depois, a nossa alma;
* a seguir, o nosso próximo;
* depois, o nosso corpo;
* por fim, as coisas ou seres irracionais.

Quando uma pessoa não respeita esta hierarquia, instala-se a desordem dentro dela e daí nasce e alimenta-se no seu interior um estado de mal-estar e intranquilidade que muitas vezes é a causa dos conflitos que provoca ou que não sabe conter. Indo ao essencial, pode-se dizer que um homem que viva em estado de pecado, portanto de inimizade com Deus, inclinar-se-á a tratar os outros também como inimigos — subjugando-os ou maltratando-os —, a ser duro com eles, a usar de uma violência que depois o deixará assustado a ele próprio. O mesmo se pode dizer dos outros degraus dessa escala de valores. Quem sacrifica os bens da alma aos do corpo — à intemperança em qualquer campo — acaba por perder o autocontrole com extrema facilidade, e com isso não será semeador de paz, mas de discórdia.

Que meios temos para alcançar o autodomínio que resulta das potências interiores bem ordenadas? Vejamos o que diz Georges Chevrot no seu livro *As pequenas virtudes do lar:*

> "A não ser que os destemperos e arrebatamentos sejam ocasionados por uma deficiência física, são indício de fraqueza de vontade. A força manifesta-se no autodomínio. Mas o autodomínio não é inato; é preciso aprendê-lo. E adquire-se de duas maneiras: através das convicções e através do exercício.
>
> "Em primeiro lugar, a convicção. Uma vez que as nossas impaciências [as nossas explosões, diríamos neste caso] costumam antecipar-se a qualquer reflexão, importa criarmos em nós um estado de espírito que facilite o domínio sobre os nossos primeiros impulsos.
>
> "A uma pessoa de fé, eu aconselharia um meio muito eficaz, que consiste em atualizar com frequência o sentido da presença de Deus e a Ele dirigir-se por

um movimento interior. Este hábito é excelente em si, pois, por mais breve que seja uma elevação do espírito a Deus, constitui um ato de adoração; por outro lado, situa-nos num clima de serenidade, que amortece o choque inesperado das contrariedades. [...] Consideramos todos os acontecimentos como «mestres que Deus nos envia», segundo o conselho de Pascal [...].

"Temos assim criado o nosso clima espiritual. Trata-se agora de adotar dois exercícios de uso quotidiano [...]: *calar-se* e *esperar*.

"Para aprendermos a calar quando não é hora de falar, precisamos esforçar-nos sempre por não falar antes de tempo. Deixemos os outros exprimirem os seus pensamentos [no nosso caso, os motivos das suas exaltações] sem interrompê-los: depois, pensemos durante alguns segundos antes de responder-lhes. Este hábito, uma vez adquirido, evitar-nos-á muitas respostas precipitadas. Já que são necessários dois para brigar, a sabedoria está em não sermos o segundo [...]. Um agricultor não semeia o trigo em dia de tempestade. Falaremos esta noite, quando a calma tiver voltado. Deixemos para amanhã o que seria mal feito hoje.

"E saber esperar. Este é outro exercício saudável. Não é verdade, minha senhora, que se tiver o marido ao seu lado, cheio de pressa para que lhe pregue um botão, não será capaz nem de enfiar a linha na agulha? E acabarão por impacientar-se os dois"[1].

A um homem com os sentimentos em ordem, ser-lhe-á fácil semear:

* contra o clima de briga, o espírito de concórdia;
* contra a exaltação, a palavra serena;
* contra o histerismo, a calma e a ponderação;
* contra os que gritam, o silêncio;
* contra os azedos e amargurados, o sorriso;
* contra os vingativos, a generosidade;
* contra os rancorosos, a amabilidade e a simpatia.

---

(1) Georges Chevrot, *As pequenas virtudes do lar*, 4ª ed., Quadrante, São Paulo, 1999, pp. 83-84.

Tenhamos sempre diante dos olhos a "vingança" de Cristo contra os que o odiaram e levaram à morte: abriu-lhes serenamente os dois braços no madeiro, enquanto pedia a Deus: *Pai, perdoa-lhes porque não sabem o que fazem* (Lc 23, 34).

MORTIFICAÇÃO

Tudo o que acabamos de ver, como meio de aproveitar os defeitos alheios para praticarmos as virtudes a eles opostas, assenta numa peça fundamental que se prende com o conjunto do nosso processo de amadurecimento espiritual. Essa peça chama-se espírito de mortificação[1].

Por que as fraquezas alheias nos machucam ou magoam tanto? Em grande medida, porque nos apanham desprevenidos. Estamos tão habituados a procurar o fácil, o agradável aos sentidos, a posse e fruição hedonista, o êxito no que fazemos, que criamos uma pele incapaz de suportar a simples picada de um mosquito. Esse autodomínio de que acabamos de falar desaba ante a menor contrariedade provocada pelos outros. E tudo são

---

(1) A este propósito, cf. Luis Fernando Cintra, *A mortificação*, Quadrante, São Paulo, 2009.

queixas, reações destemperadas, espírito de vingança, impaciências e mau-humor. Numa palavra, sofrimento.

Cumprem-se rigorosamente as palavras de Santo Agostinho: "Quem não dá a Deus o que deve, fazendo o que deve, dá-lhe essas coisas sofrendo o que deve"[2]. Por outras palavras, quem não tem o domínio de si mesmo, quem não se priva de nada e se obceca em satisfazer o que lhe pedem o egoísmo, a carne, o orgulho, a comodidade do supérfluo, contrariando os mandamentos de Deus, não é de admirar que sofra com os defeitos alheios: ao fim e ao cabo, são resistências ao seu desenfreio de homem animal: *O homem animal não percebe as coisas que são do espírito de Deus; são para ele loucura e não as pode entender* (1 Cor 2, 14).

Tenho falado com frequência da necessidade do domínio próprio a pessoas que de nada se privam, imersas como estão num hedonismo asfixiante, e vi que reagiam com um sorriso trocista. São os mesmos que, por motivos puramente humanos e às vezes desumanos, se submetem a uma disciplina exigente à custa de duros

---

(2) Santo Agostinho, *De libero arbitrio*, 3, 44.

sacrifícios. Muitos homens e mulheres fazem por nada o que, feito com espírito de domínio desse "homem animal" — para dar espaço aos valores do espírito e de obséquio a Deus —, lhes daria uma fortaleza capaz de torná-los imunes à dor que causam as fraquezas alheias.

"Um *hippie* — ou os seus sucedâneos ou imitadores — não corta o cabelo. Os antigos nazarenos deixavam o cabelo longo como sinal de pertença a Deus, mas os *hippies* fazem-no por simples espírito contestatário ou como compromisso com a moda. Hoje muitos jovens vão com roupas sujas, como um nobre medieval arrependido que, em reparação a Deus pelos seus muitos anos de pompas mundanas, se vestia com farrapos de mendigos; mas hoje faz-se isso mesmo por simples desmazelo e em nome da liberdade. Passar fome para domar o corpo e submeter os instintos é coisa inconcebível para o homem contemporâneo; mas se o faz uma mulher para conservar a linha, merece geral aprovação. Arrancou aplausos de admiração o jovem estudante de Praga que se suicidou ateando fogo à sua roupa para protestar contra a invasão russa; mas não se entende que um homem faça penitência para combater a tirania das suas paixões"[3].

Não é que tenhamos de fazer sacrifícios semelhantes aos dessas pessoas para suportar com garbo os defeitos dos outros. Mas são muitas as fraquezas do nosso próximo que nos oferecem ocasiões constantes de dominar-nos e "fazer do limão uma limonada", transformando o sinal negativo em positivo.

Imagine que o seu marido é tacanho, irascível, desordenado, indeciso, autossuficiente, cheio de pequenas manias...

Ou que a sua esposa é queixumenta, gastadora, ciumenta, frívola...

Ou que a sua nora é absorvente, displicente, sempre do contra, desagradecida...

Ou que na sua empresa imperam o egoísmo, a desconfiança, a inveja, a distribuição arbitrária do trabalho, as críticas às suas costas...

Quantas oportunidades não nos oferece a vida diária para mortificarmos as nossas

---

(3) Federico Suárez, *La paz os dejo*, Rialp, Madri, 1973, pp. 83-84.

reações puramente temperamentais diante dessas fraquezas! Mas só teremos forças para nos dominarmos nessas situações se, à margem delas, nos precavermos acostumando-nos a contrariar de vez em quando os nossos gostos, a cultivar hábitos de austeridade nos gastos, de sobriedade no comer e no beber, de domínio da língua, da curiosidade, de amor ao aproveitamento do tempo... Um homem assim está "blindado" contra todas as flechas que lhe disparem os outros com as suas debilidades. E sobretudo cresce na imitação de Cristo, que preferiu o caminho árduo da cruz carregada pessoalmente para libertar os homens da escravidão das suas fraquezas.

O Senhor podia ter salvo o mundo por um simples ato da sua vontade. Seria igualmente eficaz se dissesse: "Quero que o mundo seja salvo neste instante", tal como fez quando tirou o seu amigo Lázaro do sepulcro, dizendo em alta voz: *Lázaro, vem para fora!* (Jo 11, 43). Mas preferiu uma vida sacrificada: trinta anos de trabalho sem brilho — antes de ir *porque quis* ao encontro de uma morte sangrenta e humilhante —, três anos de paciência para formar os Apóstolos.

Temos uma ideia do que lhe deve ter custado aguentar a inépcia, a mente estreita, os sentimentos terra-a-terra daqueles Doze? Conviviam com Ele, explicava-lhes as coisas, decifrava-lhes o sentido das parábolas, com um "autodomínio", digamo-lo assim, que evitava as impaciências, as censuras destemperadas, as recriminações ácidas, os gestos de desagrado e de decepção... E eles não o entendiam ou entendiam-no ao contrário. E Cristo jamais se exasperou.

Por aí foi Ele e por aí temos nós que ir. Como adverte sabiamente Santa Teresa de Ávila: "Não queiramos ir por caminho não andado, porque nos perderemos"[4]. Esse andar por onde Cristo andou, em sua companhia, pode ser resumido em alguns aspectos:

1) progredir em atos de autodomínio mediante os pequenos exercícios. Os atletas, por exemplo, não param de treinar e, ao cabo de pouco tempo, alcançam uma agilidade que os faz ir superando as marcas

---

(4) Santa Teresa de Jesus, *O castelo interior*, *Sétimas moradas*, 4, 12.

anteriores. A experiência demonstra que, quanto mais concessões façamos ao nosso corpo e aos seus impulsos, mais exigentes se tornam. E vice-versa, quanto mais os dominemos, maior a leveza de espírito e a generosidade do coração para acolher os outros com alma grande;

2) exercer o autodomínio sobretudo no trato com os outros. É necessário saber dominar os estados de ânimo que nos fazem ser diferentes consoante acordamos bem ou mal dispostos, conforme temos boas ou más notícias, o dia se apresenta bonito ou feio, tranquilo ou cansativo. A isso se chama equanimidade.

Eis o elogio que uma testemunha fez de São Vicente de Paulo, um santo sumamente atarefado em obras de zelo: *"Monsieur Vincent é sempre monsieur Vincent"*, sempre o mesmo: risonho e afável, manso e confiante. São Francisco de Sales fala-nos dos arrulhos da pomba, que têm sempre a mesma toada, tanto nos bons como nos maus momentos; e de Jó, que bendisse a Deus na bonança e na adversidade: *Aceitamos a felicidade da mão de Deus; não devemos aceitar também a infelicidade?*

(Jó 2, 10). Deveríamos poder repetir as palavras de São Paulo: *Trazemos sempre em nós a mortificação de Jesus, a fim de que a vida de Jesus se manifeste na nossa carne mortal* (cf. 2 Cor 4, 8-10).

3) saber encontrar nesses pequenos mas constantes atos de renúncia, ao comodismo e à satisfação dos sentidos, um motivo de amor. Não são algo negativo, antes meio necessário para assegurarmos a perfeita convivência com os homens, mas em primeiro lugar a intimidade com Deus, que é a verdadeira raiz e fonte dessa convivência harmoniosa. "A alma sacrificada é um holocausto, uma hóstia; e assim não somente o seu holocausto se une ao de Cristo, mas funde-se com o dEle e é para Deus, com Cristo, um único holocausto gloriosíssimo"[5]. Do holocausto de Cristo, que não se explica senão pelo amor com que Ele nos amou, a pessoa que ama o sacrifício extrai o amor e a ternura que depois vaza na sua relação com os homens.

---

(5) Marie-Vincent Bernardot, *De la Eucaristía a la Trinidad*, Palabra, Madri, 1983, pp. 76-79.

AMOR, ORAÇÃO, EXEMPLO, CORREÇÃO FRATERNA

A nossa atitude em face das debilidades do nosso próximo não deve limitar-se à prática de umas virtudes que redundem apenas no nosso proveito, mas há de levar-nos a procurar o bem dos que padecem dessas fraquezas. Não podemos ficar indiferentes ante os defeitos que pessoas próximas de nós, possivelmente muito queridas ou de relevo na vida pública, arrastam tempos e tempos, pondo em risco a sua relação com Deus e o valor e eficácia da sua existência.

— Como posso ajudá-las?, é a pergunta que nos deveríamos fazer.

De diversos modos, que podemos ver brevemente.

Amar os outros com os seus defeitos

Não devemos amar os defeitos dos outros, mas amar os outros *com* os seus defeitos, não *apesar* dos seus defeitos. A bondade substancial das pessoas não fica comprometida pelas suas fraquezas.

Impressiona ver como Cristo retrata o desvelo do bom pastor — Ele mesmo — na parábola da ovelha tresmalhada: quando a encontra, *carrega-a aos ombros, cheio de júbilo* (Lc 15, 5), um júbilo que nunca tinha experimentado até esse ponto com as outras, e devolve-a carinhosamente ao aconchego e segurança do redil. E o mesmo júbilo se vê na parábola do filho pródigo: uma alegria que leva o pai a ter com esse filho pormenores que antes não tivera, e a fazer uma festa pelo seu feliz regresso (Lc 15, 1-24). Por quê? Porque havia no pastor e no pai um amor que se manifestou e diríamos que *cresceu* diante das fraquezas.

Vemos isso a cada passo, quando a TV nos relata o amor de uma mãe pelo filho drogado, que gasta o que tem e o que não tem para livrá-lo da dependência, ou pelo filho a quem visita sem falta na prisão, seja qual for o crime que ele tenha cometido. Por maiores que sejam os desvios de conduta dessa pessoa, a mãe não deixa de ser mãe: é ainda mais mãe.

E o mesmo vemos no tocante episódio dos filhos de Noé: *Noé, que era agricultor, plantou uma vinha. Tendo bebido vinho, embriagou-se e ficou nu na sua tenda*. Então os filhos, Sem e Jafet, *tomando uma capa, [...] foram cobrir a nudez de seu pai, andando de costas; e não viram a nudez do pai, pois tinham os seus rostos voltados* (Gên 9, 20-23).

Não esqueçamos que tendemos a pensar que nós somos o modelo e que os outros têm que ser como nós. E assim erramos. Cada qual é único, tem o direito de ser único, com os seus defeitos, mas com um fundo de bondade que esses defeitos não anulam, ainda que às vezes o sufoquem. O único modelo é Cristo.

Como os filhos bons de Noé, devemos *não ver* os defeitos alheios: cobri-los com uma desculpa ou um sorriso, evitar sublinhá-los ironicamente em público, impedindo que o interessado se sinta humilhado ou que caia no ridículo. E alegrar-nos com as qualidades e os êxitos do próximo, coisa que custa mais do que entristecer-nos com as suas misérias.

Jesus dá-nos exemplo de carinho e ternura especialmente nos momentos duros da despedida durante a Última Ceia. Pouco antes, como também naquelas mesmas horas, os Apóstolos dão mostras de pouca sintonia com os sentimentos do Mestre, que os evangelistas não escondem: a rivalidade entre eles, na ânsia de saber quem seria o maior; o protesto de Pedro quando o Senhor se ajoelha diante dele para lavar-lhe os pés; a perplexidade aflita ante o anúncio de que um deles o trairia: *Cada um começou a perguntar: Sou eu, Senhor?* (Mt 26, 21-22), sinal talvez de que não estivessem muito seguros da sua fidelidade; a traição de Judas; o não terem compreendido que Ele e o Pai eram um só; enfim, a estreiteza mental que provocou a suave queixa: *Tenho ainda muitas coisas a dizer-vos, mas agora não as podeis suportar...* (Jo 16, 12).

No entanto, o clima foi de total confiança.

"O próprio Senhor — diz o papa Paulo VI — quis dar àquela reunião tal plenitude de significado, tal riqueza de recordações, tal comoção de palavras e de sentimentos, tal novidade de atos e de preceitos, que nunca acabaremos de meditá-los e explorá-los. É uma ceia testamentária; é uma ceia afetuosa e intensamente triste, ao mesmo tempo que imensamente reveladora de promessas divinas, de visões supremas. Avizinha-se a morte, com inauditos preságios de traição, de abandono, de imolação; a conversa apaga-se, enquanto a palavra de Jesus flui contínua, nova, extremamente doce, tensa em confidências supremas que adejam assim entre a vida e a morte"[1].

E foi nesse clima que o Senhor nos deu o Mandamento novo: *Um mandamento novo vos dou, que vos ameis uns aos outros; como eu vos amei, amai-vos também uns aos outros. Nisto conhecerão todos que sois meus discípulos* (Jo 13, 34-35).

Há uma consideração que nos pode ajudar a esse "amar os outros como Cristo nos amou". Dizíamos no começo que muitos dos defeitos das pessoas ganham corpo aos nossos olhos quando essas pessoas nos caem mal. Como neutralizar esse sentimento difuso?

A verdadeira solução para um cristão é encarar todos — os que nos são antipáticos tanto

---

(1) Paulo VI, *Homilia da Sexta-Feira Santa*, 27.3.1975.

como os que nos são simpáticos — com sentido *sobrenatural*. A fé diz-nos que cada uma das pessoas com quem convivemos é, acima de tudo, tão filha de Deus como nós, amada por Ele como nós, com as suas virtudes e os seus defeitos. Essa condição deveria levar-nos a olhá-la com respeito e mesmo com admiração.

Então substituiríamos a simpatia ou a antipatia naturais por uma visão afetuosa como a das mães boas, que amam todos os filhos *sem distinção*.

Sabemos muito bem que todos desejamos uma palavra de alento quando as coisas não nos correm bem; e a compreensão dos outros quando, apesar da boa vontade, voltamos a errar; e que reparem no que temos de positivo mais do que no que temos de negativo; e que sejamos exigidos no nosso trabalho, mas com bons modos; e que ninguém fale mal pelas nossas costas; e que haja alguém que nos defenda quando somos criticados e não estamos presentes...

Tanta coisa em que podemos e devemos tratar os outros como nós quereríamos ser tratados! A isso nos obriga a segunda parte do primeiro mandamento da Lei de Deus: *Amarás o próximo como a ti mesmo*.

Rezar pelos outros

A fé ensina-nos que o fator decisivo para a mudança das pessoas é a graça de Deus.

"O cristianismo não é um moralismo, um sistema ético. O cristianismo é antes de tudo um dom", diz o papa Bento XVI[2]. *Se conhecesses o dom de Deus!* (cf. Jo 4, 10), disse Jesus à samaritana que vivia em estado de pecado. Não começou por falar-lhe da sua conduta, por recriminá-la. Fê-la ter sede do Deus vivo, a quem se adora *em espírito e verdade*. Esse é o problema dos defeitos em nós e nos outros: não reside tanto em que mancham e aviltam o comportamento, mas em que são o esquecimento de um Deus que nos ama.

Por isso, a luta contra os defeitos não se situa num campo legalista de obediência ou desobediência a uns preceitos morais, mas no acolhimento ou recusa do dom divino que nos elevou à condição de filhos de Deus em Cristo. E isso é questão de uma *entrega do coração*, isto é, das energias e sentimentos que nele se encontram: *Oferece-me, meu filho, o teu coração*, pede

---

(2) Bento XVI, *Homilia*, 20.3.2008.

Deus (cf. Pr 23, 26). Os defeitos não combatidos são consequência de o nosso ser — o nosso coração — não estar possuído por Deus, mas distraído e atraído pelo que passa, pelo efêmero, em vez de se orientar unitariamente para a relação paternidade-filiação que temos com o Senhor.

Nessa perspectiva, não importa tanto que tenhamos muitos ou poucos defeitos, mas dar a batalha de reordenar as nossas capacidades intelectivas, afetivas e volitivas em direção à plenitude dos laços de filiação. Daí resultará — como efeito — uma vida em que as fraquezas serão encaradas como empecilho ao livre curso do amor de filhos e nessa medida arrancadas ou pelo menos amortecidas: *Eis como sabemos que o conhecemos* — e não se pode conhecer a Deus sem amá-lo —: *se guardamos os seus mandamentos. Aquele que diz conhecê-lo e não guarda os seus mandamentos é mentiroso* (1 Jo 2, 3-4). Os defeitos consentidos são a grande mentira da nossa vida, enquanto incongruência com relação ao amor de Deus que nos foi revelado em Jesus Cristo.

Tudo isto centra o nosso olhar sobre os outros, porque o que realmente há de doer-nos neles não é que violem umas regras e assim nos incomodem ou magoem, mas que tenham o coração longe de Deus. E para podermos ajudá-los a dar a batalha nessa raiz dos seus defeitos, a primeira coisa que temos de fazer não é dirigir-lhes palavras bem alinhavadas e raciocínios esmagadores, mas obter para eles a graça de Deus que muda os corações e faz aceitar o dom divino.

É preciso, pois, rezar pelas pessoas carregadas de defeitos: quanto mais graves e mais arraigados os tenham, mais intensa deve ser a oração por elas, não ao contrário. A oração de petição faz derreterem-se os montes como cera (cf. Sl 97, 5). É preciso pedir para essas pessoas a graça da conversão do coração com a confiança e perseverança daquela mãe que aparece no Evangelho, a mulher siro-fenícia, cuja filha estava possuída pelo demônio. E o Senhor acabou por atendê-la. Como acabou por atender à oração e lágrimas de tantos anos de Santa Mônica pela conversão do seu filho Agostinho, afundado na miséria de uma vida desregrada.

Conta-nos o bispo de Hipona que a sua mãe, santamente preocupada com a sua conversão, não cessava de chorar e rogar por ele. Um dia, um bom bispo disse-lhe estas palavras que tanto a consolaram: "Vai em paz, mulher!, pois é impossível que se perca o filho de tantas lágrimas". Mais tarde, o próprio Agostinho dirá: "Se eu não pereci no erro, foi devido às lágrimas cotidianas cheias de fé da minha mãe"[3].

No fim da sua vida, a santa mulher dizia ao seu filho: "Filho, pelo que me diz respeito, já nada me atrai nesta vida. Já não sei o que faço nela nem por que estou aqui, morta para toda a esperança do mundo. Havia uma só coisa pela qual desejava continuar um pouco nesta vida, e era ver-te cristão católico antes de morrer. O meu Deus concedeu-me isto superabundantemente, pois, desprezada a felicidade terrena, te vejo seu servo"[4].

Com essa fé confiante e perseverante, deveríamos criar em nós uma espécie de *automatismo* pelo qual, a cada defeito que observássemos, não reagíssemos com uma crítica — por palavras ou mesmo em pensamento —, mas com uma oração imediata pela pessoa que o

---

(3) Cf. Francisco Fernández-Carvajal, *Falar com Deus*, 3ª ed., Quadrante, São Paulo, 2005, vol. 4, p. 324.

(4) Santo Agostinho, *Confissões*, 10, 11, 26.

manifestou. E assim um dia e outro, meses e anos, se for preciso...

O exemplo

E junto com a oração, o exemplo na luta pessoal por erradicarmos os nossos defeitos.

Não é um fator plenamente condicionante para que possamos ajudar o próximo: se tivéssemos de esperar até não ter nenhum defeito para ir em ajuda dos outros, nunca teríamos ocasião de praticar a caridade.

Não se trata de chamar a atenção para a perfeição da nossa conduta — o único modelo é Cristo, repetimos —, mas de dar testemunho suficientemente explícito de que lutamos por combater os nossos defeitos: o dever de dar bom exemplo começa por *não dar mau exemplo*.

É uma luta que, mais do que procurar alcançar uma utópica impecabilidade — afinal, morreremos com defeitos —, põe o acento em crescer no amor, um amor que cubra as nossas misérias, que seja *cautério*.

Isto é algo que muitas vezes se esquece. Esquecemos o episódio da mulher de má vida que entrou em casa do fariseu que recebera

Jesus para uma refeição e, ajoelhando-se aos pés dEle, se pôs a chorar e a banhar-lhe os pés com as suas lágrimas, a enxugá-los com os seus cabelos, a beijá-los e ungi-los com perfume. Ante os pensamentos escandalizados do fariseu, Jesus disse-lhe: *Vês esta mulher? Entrei em tua casa e não me deste água para lavar os pés; mas esta com as suas lágrimas regou-me os pés e enxugou-os com os seus cabelos* [...] *Por isso te digo: os seus muitos pecados foram-lhe perdoados porque amou muito* (Lc 7, 36ss).

Desse ensinamento se fará eco São João quando disser na sua primeira Epístola que, se o nosso coração nos censura, *Deus é maior que o nosso coração* (cf. 1 Jo 3, 20). Do amor por Ele tiraremos forças para ir superando os nossos defeitos, e esse é o primeiro exemplo que devemos dar aos outros, indicando-lhes a verdadeira fonte de energias para que superem os deles.

Mas não basta procurarmos "afogar" no amor a Deus os nossos defeitos: esse amor dar-nos-á forças também para adquirir as virtudes que nos faltam. Santa Teresa exprime assim essa meta às suas filhas: "É mister não pôr o vosso fundamento apenas em rezar e contemplar; porque, se não procurais virtudes e não há exercício nelas, sempre ficareis anãs, e praza a Deus que não seja só não crescer, porque bem sabeis que, quem não cresce, decresce, pois tenho por impossível que o amor se contente em estar onde está"[5]. O que a santa quer dizer é que o amor verdadeiro não está "quieto", mas move a pessoa a lutar por adquirir novas virtudes e aperfeiçoar as que tem.

Essa luta pelas virtudes dará à nossa vida de cristãos um tom eminentemente positivo e otimista, e será esse o melhor modo de mostrarmos aos outros, pelo exemplo, o caminho que devem seguir para superar os seus defeitos. Afinal de contas, insistimos, o amor é maior que as nossas falhas.

A correção fraterna

Na nossa preocupação por ajudar os nossos irmãos a vencer os seus defeitos, desempenha um papel muito importante a correção

---

(5) Santa Teresa de Jesus, *O castelo interior*, *Sétimas moradas*, 4, 9.

fraterna, uma das obras de misericórdia espiritual, que é "corrigir os que erram".

Quantas vezes sucede que, ante os defeitos que observamos em alguém das nossas relações, a primeira coisa que nos ocorre é criticá-lo. E com que frequência não nos limitamos ao que vimos, mas difundimos o que nos disseram sem termos visto e sem verificar se era verdade! E assim vamos dando a conhecer a toda a gente as fraquezas reais ou imaginárias do nosso próximo, menos ao interessado, que era o único que deveria sabê-las.

Pelo contrário, deveríamos sentir verdadeira alergia diante de frases tão manuseadas como esta: "Sabe? Disseram-me que fulano..." O modo correto de proceder é o que nos indica Jesus Cristo: *Se o teu irmão pecar contra ti, vai e corrige-o a sós* (Mt 18, 15-17).

Com frequência, as pessoas caem em faltas que podem escandalizar e ser um mau exemplo para os outros. De umas não têm toda a consciência, de outras têm consciência, mas não conseguem forças para retificá-las. Que fazer?

Depois de estarmos seguros de que se trata de uma falta habitual — ou esporádica, mas que pode ter sérias consequências imediatas —, começamos por rezar pela pessoa e pedir a Deus que saibamos adverti-la da maneira mais adequada e no momento mais oportuno.

Depois, procuramos a ocasião em que o interessado esteja bem disposto e, a sós, sempre a sós, comunicamos-lhe o que é do caso com as palavras imprescindíveis, com toda a clareza e com todo o afeto: "Quando é preciso corrigir, deve-se atuar com clareza e amabilidade; sem excluir um sorriso nos lábios, se for oportuno. Nunca — ou muito raras vezes — aos berros"[6]. Assim o corrigido agradecerá a atenção que se teve com ele e esforçar-se-á por combater essa falta ou, se já tinha consciência dela, mas se via sem forças, agora sim, encontrará nessa correção a energia de que precisava. Se lhe dermos tempo e não insistirmos nesse ponto a horas e a desoras, veremos como acaba por corrigir-se.

Não é necessário que se faça a correção imediatamente depois da falta; pode-se esperar um ou mesmo vários dias. Uma correção feita no momento traz o risco de nos deixarmos levar pelos nervos ou pela precipitação, de não

---

(6) São Josemaría Escrivá, *Sulco*, n. 823.

pensarmos nas palavras justas e exatas, de usarmos de ironia ou rispidez, com o que humilhamos o interessado, provocamos nele — se não é muito humilde — um ressentimento difícil de apagar, e nós mesmos caímos num defeito maior que o que desejamos corrigir.

Não pensemos que a correção seja um dever unicamente dos pais em relação aos filhos, dos superiores em relação aos subordinados. Os pais deviam agradecer qualquer observação sobre o seu comportamento que lhes façam a esposa ou os filhos, ainda que muitas vezes sem as cautelas que acabamos de referir: não podem considerar essas observações como crítica ou menosprezo pela sua autoridade, mas como verdadeira ajuda. E os superiores deveriam sempre partir da base de que têm defeitos ou se enganam. Aceitando as correções e corrigindo-se, não só não perdem autoridade e prestígio, mas os aumentam.

Isaac Newton (1642-1727), matemático inglês que descobriu a lei da gravitação universal dos corpos celestes, sentia um grande respeito pelos animais. Contam que, na sua residência, tinha dois gatos: um grande e outro pequeno. Chegou um momento em que se preocupou, porque esses animais estavam sempre encerrados na casa e não podiam sair ao jardim. Chamou o carpinteiro que cuidava da manutenção e disse-lhe:

— Faça dois buracos na porta, um para o gato grande e outro para o pequeno; assim cada um poderá sair ao jardim quando quiser.

Perplexo, o carpinteiro quis replicar, mas não se atreveu. Newton animou-o:

— Tem alguma coisa a dizer-me? Vê algum inconveniente?

Timidamente, o carpinteiro respondeu ao insigne sábio:

— Acho que um só buraco grande seria suficiente, porque por ele poderiam sair o gato grande e o pequeno.

— Mas é claro! Tem razão. Não tinha reparado. Faça como diz!

Quem recebe bem uma correção não sai diminuído e quem a faz sai engrandecido: venceu o custo que supõe corrigir alguém que o supera muitas vezes em tantas coisas.

A SANTÍSSIMA VIRGEM PERANTE OS DEFEITOS DOS HOMENS

A Santíssima Virgem não teve nenhum pecado ou mesmo imperfeição; mas teve de relacionar-se com pessoas que tinham muitas fraquezas. E depois da sua Assunção aos céus, manteve-se de uma maneira sobrenatural ao lado dos homens, que também estão cheios de fraquezas e defeitos.

Qual foi a sua atitude? Vale a pena finalizarmos estas páginas detendo-nos brevemente no que a nossa Mãe do céu nos ensina a este respeito. Oxalá o seu exemplo seja um poderoso estímulo que nos leve a ver como podemos tirar proveito dos defeitos dos outros.

Com os habitantes de Belém

Relata São Lucas que São José foi de Nazaré a Belém para recensear-se na sua cidade de origem, por ordem do imperador César Augusto. Ia acompanhado da esposa, que estava grávida. E aconteceu que, estando ali, chegou a hora do parto e Maria deu à luz o seu filho primogênito e, envolvendo-o em faixas, reclinou-o num presépio, *porque não havia lugar para eles na hospedaria* (cf. Lc 2, 8).

Em Belém, a Virgem Maria deparou com pessoas pouco compreensivas com as necessidades do próximo. Uma mulher, consciente de que a qualquer momento pode chegar a hora de dar à luz, precisa de um acolhimento afetuoso, não somente por ela, mas sobretudo pelo filho que vai nascer. E, no caso de Maria, o seu sentimento de dor deve ter sido muito mais agudo porque sabia que o filho das suas entranhas era o Messias prometido, o Filho do Altíssimo, que reinaria eternamente na casa de Jacó (Lc 1, 32). Mas como reagiu?

Criticou o imperador por aquela ordem que os obrigara, a José e a ela, a ir da Galileia até à Judeia? Censurou os conterrâneos pela sua insensibilidade? Adivinhamos Maria sorrindo para José depois de este receber um não, ajudando-o serenamente a encontrar um lugar o menos inadequado possível e conformando-se por fim com um estábulo. A sua atitude deve ter confortado José, evitando-lhe qualquer sensação de fracasso.

Não custa ver aqui como nos devemos comportar ante a falta de sintonia e a indiferença do próximo para com as nossas carências e urgências. Não compreendem? Não estendem a mão? Rejeitam-nos? Muito bem. Qual terá sido o pensamento de Maria e José naquela circunstância? Sem dúvida o de que Deus sabe o que faz ou o que permite.

Ver os desígnios de Deus nos defeitos das pessoas à nossa volta é a primeira atitude que devemos ter. É a atitude que nos levará a jamais perder a paz e a saber o que fazer — se esperar, se corrigir, como procurar saídas, de que modo neutralizar o mal objetivo — e a redobrar de afeto por quem nos atingiu. Os episódios que rodearam o Natal — a boa nova comunicada aos pastores, o jubiloso cântico dos anjos, a posterior adoração dos magos — demonstram que a aceitação da vontade divina produz frutos inesperados de paz, de bem e de evangelização. Da indiferença daqueles belemitas, Deus tirou lições maravilhosas para começarmos a entender o que é o reino dos céus. Quantos livros se terão escrito, quantas meditações se terão feito e continuarão a fazer-se em torno do nascimento do Senhor do universo num local próprio de animais!: humildade, pobreza, simplicidade, abandono confiante nas mãos da Providência divina...

Com Herodes

Eis o texto evangélico: *Um anjo do Senhor apareceu em sonhos a José e disse-lhe: "Levanta-te, toma o menino e sua mãe e foge para o Egito e fica lá até que eu te avise, porque Herodes vai procurar o menino para o matar"* (Mt 2, 13-15).

A Virgem Maria sofre agora com a arbitrariedade e os desmandos de Herodes, que não são simples indiferença ou desinteresse, mas algo muito pior: a inveja, o ódio contra uma criança inocente e indefesa que nem teve tempo para se manifestar. O tirano quer extirpar pela raiz a sombra que lhe podia vir a fazer um homem cujo reino não seria deste mundo e que passaria por ele fazendo o bem (cf. At 10, 38).

Os torpes sentimentos de Herodes obrigam a Virgem e São José a fugir a horas intempestivas para um país desconhecido e longínquo, a fim de pôr a salvo a vida daquele Menino tido por indesejável e perigoso. Não sabemos o que Maria pensou no seu íntimo, mas como duvidar de que só teve pensamentos de confiança no Altíssimo? Mas podemos imaginar o que nós teríamos pensado e feito.

Diante dos juízos desconfiados acerca dos nossos bons propósitos e intenções, da retidão da nossa conduta, da fidelidade ao magistério da Igreja, diante da crítica — para não dizer discriminação e até rancor — por não pactuarmos com a degenerescência escondida — escancarada — no "politicamente correto", que preço estamos dispostos a pagar? Sabemos antes de mais nada não "ir na onda", fugindo das ocasiões, e depois desarmar essas pessoas e ambientes de suspeita e maledicência por uma vida coerente que pouco se importa com o que dirão?

Bem cedo a Virgem experimentou a dureza da perseguição, a mesquinhez do coração humano, mas soube descobrir o sabor sobrenatural da oitava bem-aventurança que o seu Filho pregaria trinta anos mais tarde:

Bem-aventurados os que sofrem perseguição por amor da justiça, porque deles é o reino dos céus (Mt 5, 10-11).

Com os que crucificaram o seu Filho

O Evangelho refere-nos que *junto da cruz estavam de pé sua mãe, a irmã de sua mãe, Maria, mulher de Cléofas, e Maria Madalena* (Jo 19, 25). Mas não nos diz mais, não registra nenhuma palavra de Maria nem nenhum gesto especial a não ser que "estava de pé". Nós podemos pensar que experimentaria os mesmos sentimentos do seu Filho em relação aos verdugos, aos escribas e fariseus. Não é possível pensar outra coisa, já que participou plenamente da obra redentora de Jesus.

Podemos, pois, afirmar que sofreu indizivelmente com os sofrimentos do seu Filho, com a cruel ingratidão de um povo no meio do qual estavam os que Ele tinha ensinado, curado, alimentado, com a reação dos amigos que o tinham abandonado, com a injustiça das autoridades. Por outro lado, como duvidar de que, unindo-se ao perdão de Jesus, ela mesma perdoou aquele tropel de gente que *não sabia o que fazia*?

A Virgem Maria compreende, desculpa e perdoa os homens com todas as suas fraquezas, ainda que sejam tão grandes que cheguem a deformar a verdade e o bem, a julgar culpado o Inocente, malfeitor o Benfeitor, pecador e blasfemo o três vezes Santo.

Além disso, em contraste com a deserção dos Apóstolos que, cheios de medo, deixam Jesus só no Calvário, Maria está junto da cruz, com uma coragem singular: não se lamenta, não desfalece, não desmaia: simplesmente acompanha *de pé* o Filho até os seus derradeiros instantes:

"Admira a firmeza de Santa Maria: ao pé da Cruz, com a maior dor humana — não há dor como a sua dor —, cheia de fortaleza.

"— E pede-lhe dessa fortaleza para que saibas também estar junto da Cruz"[1].

Os defeitos alheios muitas vezes nos machucam, deprimem e desesperam. Não sabemos aguentá-los. E esta é a grande lição que aprendemos dAquela que Jesus, precisamente no meio do seu sofrimento e agonia, nos deu por Mãe. Erros e defeitos dos que convivem

---

(1) São Josemaria Escrivá, *Caminho*, n. 508.

conosco, outras vezes simples diferenças de modo de ser, outras, verdadeiras injustiças e crueldades..., que proveito tiramos de tudo isso?

Há situações que humanamente parecem irremediáveis e por vezes o são, por mais que demos exemplo e tentemos ajudar com as advertências oportunas. Pensemos, por exemplo, em casos como o daquele amigo que, pouco depois de casado, percebeu que a sua mulher era violentamente ciumenta: nem podia sair à rua com ela que não tivesse de ouvir-lhe depois censuras azedas por não ter desviado os olhos de outra mulher que passava por eles. Pois bem, esse homem, cuja vida poderia ter sido um inferno, aceitou esse defeito da esposa e com ele conviveu: os dois morreram em paz, ambos com perto de oitenta anos, sempre carinhosos com os filhos e entre si.

Maria, Aquela cuja vida foi um eco perfeito do *faça-se* que pronunciou no momento da Anunciação, dá-nos a última receita — aliás, o denominador comum — para aproveitarmos os defeitos alheios: a aceitação amorosa da vontade de Deus, que tudo permite para a nossa santificação, ainda que não compreendamos o porquê.

Os defeitos de Deus

Na sua perfeição infinita, Deus não tem defeitos. Mas às vezes parece-nos que sim: que se esquece de nós, que nos abandona ao mal alheio, que afinal não é a suprema Bondade e a fonte de todo o bem. Quantos não há que, em face das fraquezas dos outros que nos "martirizam", ou de males objetivos, se voltam contra Deus e o interpelam asperamente: "Por que Ele permite isto?, por que deixou que este meu filho se extraviasse?, por que consentiu que não me compreendessem, se eu só quero compreender os outros?, por que permitiu que me caluniassem?"

Essa aceitação de Maria que acabamos de ver dá-nos a chave para que nunca duvidemos de Deus.

O Senhor não poupou a Virgem das consequências dolorosas dos defeitos alheios, como não poupou o seu Filho bem-amado: não enviou uma legião de anjos para livrá-lo. Simplesmente, não interveio.

Não dissera o anjo a Maria que o filho que ela conceberia seria chamado o Filho do Altíssimo, que reinaria *eternamente* na casa de Jacó?

No entanto, Deus deixou que esse Filho que ela concebera nascesse num estábulo, e que pouco depois ela mesma tivesse de fugir com o Menino e José para escapar à sanha de Herodes. Deixou-a sofrer com as notícias que lhe iam chegando da oposição dos escribas e fariseus à doutrina límpida, aos milagres portentosos que o seu Filho ia semeando nos seus três anos de vida pública. E não interrompeu essa cadeia de ressentimentos e ódio, que foi *in crescendo* até desembocar na crucifixão e morte. Como podia Maria compreender que esse reinado sem fim prometido da parte de Deus acabasse como acabou?

Mas mesmo o seu Filho pareceu ter manifestado para com ela uma rispidez e uma dureza incompatíveis com uma atitude filial de submissão. No episódio em que, aos doze anos, por ocasião da festa da Páscoa, o Menino se deixou ficar no Templo sem prevenir os pais, Maria sofre. Comove a pergunta que faz a Jesus ao encontrá-lo três dias depois: *Meu filho, que nos fizeste? Eis que teu pai e eu te procurávamos, cheios de aflição* (Lc 2, 41 e segs.). Mas, ao contrário do que seria de esperar, Jesus manifesta uma insensibilidade que dói: *Por que me procuráveis? Não sabíeis que devo ocupar-me das coisas de meu Pai?* Aparente insensibilidade, ingratidão, indelicadeza: "defeitos" de Jesus. Assim pensamos e reagimos nós.

E não foi só. Logo no início da vida pública, Jesus parece rejeitar a sua Mãe. Nas bodas de Caná, trata-a com uma "indelicadeza" que magoa: *Mulher* — não a chama mãe —, *que temos tu e eu a ver com isso?* À mulher que o louva enaltecendo os peitos que o amamentaram, o Senhor antepõe a bem-aventurança dos que ouvem a palavra de Deus e a põem em prática. E o mesmo proclama quando Maria, acompanhada dos primos do seu Filho, quer ver Jesus: *Tua mãe e teus irmãos estão lá fora e desejam ver-te. Ele disse-lhes: Minha mãe e meus irmãos são estes, que ouvem a palavra de Deus e a observam* (Lc 8, 19-21).

Episódios de aparente rejeição do vínculo filial... Pode haver maior "defeito"?[2]

---

(2) Na aparente rudeza com que Jesus trata a sua Mãe, encontramos o elogio cabal de Maria que, com a sua fé e a sua obediência insuperáveis à vontade divina, "acolheu as palavras com que o Filho, pondo o reino

Não custa ver nestes "defeitos" de Deus, nestes "defeitos" de Cristo, a mão providente do Senhor, que não hesita em consentir os defeitos dos que nos cercam — nem em Ele mesmo parecer injusto e sem piedade — para nos elevar ao *plano da fé*, acima das relações e reações naturais: *Tanto quanto o céu está acima da terra, tanto a minha conduta ultrapassa a vossa e os meus pensamentos estão acima dos vossos* (Is 55, 9).

Deus chama-nos a uma vida de filhos seus, de membros muito amados da sua Família. E para nos transplantar das nossas atitudes temperamentais para essa vida tão radicalmente acima da nossa, faz ou permite que soframos com as faltas alheias, e parece não socorrer-nos. Mas Ele não dorme.

Só falta que nós, como as criancinhas de colo, adormeçamos nos seus braços fortes de Pai, no regaço dAquela que nos deu por Mãe. Se as faltas alheias nos levarem a esta atitude de absoluto *descanso* em Deus, aí estarão

---

acima de todas as relações de parentesco, proclamou bem-aventurados todos os que ouvem a palavra de Deus e a põem em prática, coisa que Ela fazia fielmente" (*Lumen gentium*, n. 58).

em última instância as forças para sabermos como lidar com as imperfeições conscientes ou inconscientes do nosso próximo, como ajudá-lo a vencê-las, como tirarmos o maior proveito delas..., ao mesmo tempo que o tiramos das nossas, que são tantas.

Direção geral
Renata Ferlin Sugai

Direção editorial
Hugo Langone

Produção editorial
Juliana Amato
Gabriela Haeitmann
Ronaldo Vasconcelos
Roberto Martins

Capa
Provazi Design

Diagramação
Sérgio Ramalho

ESTE LIVRO ACABOU DE SE IMPRIMIR
A 29 DE ABRIL DE 2024,
EM PAPEL OFFSET 75 g/m².